투자 바이블

주식 투자 바이블, 부동산 투자 바이블

누구보다 쉽게 주식 투자 부동산 투자를 풀이한 전국민의 필독서

투자 바이블

이제성 지음

생각나눔

1부 투자 바이블

2부 주식 투자 바이블

3부 부동산 투자 바이블

제1부

투자 바이블

01 투자 바이블 서문

인류의 오랜 꿈이 두 가지가 있습니다.

하나는 오래오래 사는 꿈이고,

다른 하나는 잘살아보자는 꿈입니다.

잘살아보자는 꿈은 조상 대대로 부모님들이 허리띠를 졸라매면서 자녀들에게 한없이 희생하는 모습으로 나타났습니다.

그 꿈이 우리 부모님 시대에 꽃을 피운 것이 새마을 운동입니다.

새마을 운동은 대한민국의 성장 동력이 되었을 뿐만 아니라

지금도 많은 나라에서는 성장모델이 되기도 합니다.

그 꿈은 대한민국에서 어느 정도 완성되어

지금은 '잘살아보자.'를 넘어

'행복하게 살아보자.'로 진일보하였습니다.

한 지도자에 의해 시작된 꿈이

온 국민이 믿고, 따르면서 집단의 힘이 되었습니다.

필자는 이 꿈을 불경기인 지금,

대한민국에서 다시 한 번 전개하여 온 국민이 부자 되기를

바라면서 『투자 바이블』이라는 책을 통하여

'부자 만들기'를 시작하고자 합니다.

한 사람이 권력을 잡고 시작한 꿈이 아니라,

평범한 소시민의 꿈이 국민운동으로 번져나가

이 땅에 실현되기를 간절히 소망합니다.

무엇으로 저성장, 저금리, 저고용 시대임에도 불구하고

고비용, 100세 고령화 시대를 대비할 수 있을까요?

많은 사람이 하는 고민입니다.

필자 역시 어떻게 대처할까 많은 고민을 하였습니다.

하지만 이에 대한 해답을 제대로 알려주는 사람은 주변에 없었

고, 성공투자밖에 방법이 없다는 결론을 도출하였습니다.

어떻게 하면 투자에 성공할 수 있을까?

필자가 경험한 많은 시행착오를 통해 얻은 지혜를 공유합니다.

많은 돈과 시간을 투자하였고,

실패를 통한 경험과 지혜는 투자를 고민하는 많은 사람들에게

길잡이가 되기를 바라는 마음에서

부끄러운 과거가 녹아 있는 글을 통해
'투자의 바이블'이 되기를 소망합니다.

투자 바이블은
투자만 하면 손실을 보는 사람들과
절망에 빠진 사람들에게 희망의 선물이 되고,
특히 사회초년생들에게는 투자 실패를 예방하고
부의 길로 안내하는 성공투자의 교과서가 될 것입니다.

투자의 본질은 무엇인가?
투자와 투기와 도박을 결정짓는 요소는 무엇인가?
투자의 성공 비결은 무엇인가?
많은 사람이 읽고, 쉽게 이해하고,
실천하기를 바라는 마음에서 최대한 쉽게 『투자 바이블』이라는
책을 만들었습니다.
이 책을 통해 대한민국 국민이 잘살고, 행복하기를 소망합니다.

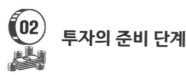

02 투자의 준비 단계

투자는 수영과 같습니다.

수영은 안전한 수영장에서 수영선생님의 지도하에

수심이 얕은 곳에서, 발차기부터 시작하여 차근차근 배워갑니다.

실력이 쌓이면 다음 단계로 조금 깊은 곳으로 옮겨가면서 수영을

배웁니다.

수영을 배우지 않고, 바로 한강에서 헤엄쳐간다면 위험하며,

심지어 물에 빠져 죽을 수도 있는 것입니다.

또 수영을 배워서 한강을 헤엄쳐 건너갈 때도

만일을 대비해 구명조끼를 입고 수영하는 것이 상식입니다.

목숨은 하나밖에 없는 소중한 것이기 때문입니다.

그래서 우리는 많은 시간을 투자하여 수영을 배우는 것이고

또 배워야 합니다.

그렇게 수영을 배우고 또 구명조끼까지 입고

한강을 헤엄쳐 건너간다면

수영은 그렇게 위험한 것이 아닙니다.

그런데 말입니다.

우리는 투자를 어떻게 하고 있습니까?

배워서 합니까?

차근차근 시간을 할애하여 실력을 키우고 시작합니까?

혹시 이렇게 알고, 실천하지 않습니까?

투자는 수업료를 내고 배우는 것이라고 말입니다.

어떻게 그렇게 잘 알고 있는 것처럼 느껴지나요?

사실 필자의 이야기입니다.

아마 많은 사람들도 필자와 똑같은 실수를 반복했을 것입니다.

지금도 많은 사람들은 필자와 같은 실수를 반복하고 있습니다.

투자를 배우지 않고 투자를 하는 것은

수영을 배우지 않고 한강을 건너는 것과 같습니다.

한강에 빠져 죽습니다.

즉 원금손실을 본다는 것입니다.

목숨이 아까워서 수영을 배우는 것처럼

투자자금도 아까운 것입니다.

그래서 투자는 반드시 배워야 합니다.

목숨도 두 번의 기회가 없는 것처럼 투자도 한번 실패하면
두 번의 기회를 좀처럼 얻을 수가 없습니다.
왜냐하면, 취직하기가 어렵고, 돈 모으기가 힘들고,
또 사업을 한다고 하여도 저성장 사회에서는 돈을 벌기가
어렵기 때문입니다.

03 투자와 투기와 도박이란?

투자란?

준비를 마치고

실력을 갖춘 상태에서

돈을 투입하여 돈을 벌려고 하는 것을 말하며

돈을 벌 확률이 적어도 70% 이상이 되어야

투자라 할 수가 있습니다.

투기란?

준비가 조금 부족하거나

실력이 조금 부족한 상태에서 돈을 투입하여

돈을 벌려고 하는 것을 말하며

돈을 벌 확률 50%(31%~69%) 내외는

투기라 할 수가 있습니다.

도박이란?

준비가 안 되었거나

실력이 부족한 상태에서 돈을 투입하여

돈을 벌려고 하는 것을 말하며

돈을 벌 확률 30% 이하는 모두 도박이라 할 수가 있습니다.

투자와 투기와 도박은 모두 돈을 벌려고 한다는

공통점이 있습니다.

쉽게 투자를 수영에 비유하면 다음과 같습니다.

수영장에서 1.5km를 헤엄치는 사람은

한강 1km(한강 폭을 1km로 가정함)를 헤엄쳐 건너가는 데

문제가 없습니다.

이런 사람들은 한강의 물살이 있거나,

비가 와서 한강 폭이 약간 늘어나도

한강을 수영으로 건너가는 데 별 무리가 없습니다.

이런 사람들은 투자하는 사람이라고 할 수가 있습니다.

수영장에서 700m~1km를 헤엄치는 사람이

한강을 헤엄쳐간다면

물살이 잔잔하거나, 가뭄으로 한강 폭이 줄어들거나

초인적인 힘을 발휘한다면

한강을 헤엄쳐서 건너는 것도 가능할 것입니다.

그러나 물살이 세지거나, 비가 와서 한강 폭이 늘어난다면

혹은 컨디션이 나쁘다면

한강을 헤엄쳐서 건너가기가 힘들 수도 있고

때에 따라 목숨까지 잃을 수도 있습니다.

이런 사람들은 투기하는 사람이라고 할 수가 있습니다.

수영장에서 500m 미만을 헤엄치거나

아예 수영을 못하는 사람이 한강을 헤엄쳐간다면

한강을 건너가기가 불가능할 것입니다.

도와주는 사람이 없다면 목숨까지 잃을 것입니다.

이런 사람들은 도박하는 사람이라고 할 수가 있습니다.

투자하는 사람의 준비와 실력 여부에 따라

투자가 되기도 하며,

투기가 되기도 하고,

도박이 되기도 합니다.

그것을 선택하는 것은 본인에게 달려 있습니다.

04 준비도 실력도 없는 투자는 도박이다

사실 필자는 준비가 안 되었고,

실력을 갖추지 못한 상태에서 10여 년간 주식투자란 이름으로

주식도박을 한 합법적 도박자임을 고백합니다.

한 집안의 가장이 저지른 도박으로 인한 고통은

고스란히 가족에게 이어졌습니다.

참으로 미안한 마음입니다.

지금도 많은 서민이 필자와 같은 주식도박을 합니다.

준비가 안 된 상태에서 식당도박을 합니다.

준비가 안 된 상태에서 사업도박을 합니다.

그 결과는 빨리 망하는 것입니다.

적어도 1~2년 이내에 망하는 것은 도박이라고 생각하시고

도박 대신에 준비를 철저히 하고

실력을 갖춘 상태에서

돈을 벌 성공 확률까지 감안하여

돈을 투입하는 투자를 하시라고 말씀을 드리는 것입니다.

서민들이 많이 하는 식당도박 사례

식당 하시는 분은 음식 솜씨가 있는 사람입니다.

평상시 집에서 매일 음식을 하니 익숙한 일이기도 합니다.

또 먹어본 사람들이 모두 맛있다고 칭찬을 합니다.

식당을 차리면 장사가 잘 될 가능성도 있어 보입니다.

또 어떤 분들은 식당을 차리면

돈을 많이 벌 것이라고 이야기도 많이 들었을 것입니다.

그러나 현실과는 몇 가지 차이가 발생합니다.

집에서 하는 음식은 천천히 하여도

가족들과 손님들은 충분히 기다리지만

식당에서 하는 음식은 빠르면서 맛있게 해야 합니다.

그렇지 않으면 손님들은 반찬만 먹다가 점심시간 때문에

나가는 경우가 발생합니다.

경제성을 감안하여 맛있게 하여야 한다는 것입니다.

집에서 먹는 음식은 가족들이 먹기 때문에 끼니마다
가격을 따지고 만들지는 않습니다.
그러나 식당은 반드시 가격대비 원가라는 것을 감안하여
음식을 맛있게 만들어야 합니다.

집에서 먹는 음식은 다 만들고 부르면 식탁에 모입니다.
그래서 손님을 모을 필요가 없습니다.
하지만 식당은 다릅니다.
손님을 오게 해야 합니다.
사람이 많거나(상시 인구), 많이 다니는(유동 인구) 곳
즉 입지가 좋아야 하고, 입소문이 나게 해야 하고
그것도 아니면 홍보라도 열심히 해야 합니다.
많은 식당은 손님을 오게 만드는 준비 부족으로 무너집니다.

식당 개업 후 1년 이내에 망하면
모두 '식당도박'이라고 보면 됩니다.
식당도박이 아닌 식당투자가 되기 위해선
철저한 준비와 실력을 갖춘 연후에
최적의 입지까지 선정해야 합니다.
주식도, 사업도, 마찬가지입니다.

05 투자의 본질은 힘센 놈이 이기는 싸움이다

세상은 보통 힘센 놈이 이기게 되어있는 구조입니다.

그래서 권투를 비롯한 많은 스포츠 종목에서

공정성을 기하기 위하여, 체급별로 시합을 하고

또 챔피언을 가리는 것입니다.

비단 스포츠뿐만 아니라

시험도 같은 학년을 기준으로 평가하는 것입니다.

대학생이 유치원생과 시합을 하면 99.9%는

대학생이 이기는 구조이기 때문에 같이 시합을 할 수가 없습니다.

같이 시합을 한다는 것은 상상할 수가 없기 때문입니다.

그러나 현실에서는 대학생과 유치원생이 같이 경쟁하는 곳이

너무나 많습니다.

가장 대표적인 곳이 투자의 세계입니다.

투자의 세계 중에서도 가장 많은 사람이 싸우는 곳이

주식시장입니다.

유치원생보다 못한 체력과 기술로 대학생과 같은

기관과 외국인을 상대하니 얼마나 가소로운 행동입니까?

정말 위험한 것은 정작 본인은

그 위험한 상황을 알지 못하는 데 있습니다.

가진 돈을 다 잃고 나서야 비로소

본인이 얼마나 위험한 행동을 했었는지를 알고 후회합니다.

이미 늦은 경우가 많습니다.

투자는 준비를 마치고, 실력을 갖춘 상태에서

돈을 투입하여 돈을 벌려고 하는 것을 말하며,

돈을 벌 확률이 적어도 70% 이상은 되어야 한다고 언급하였습니다.

그럼에도 투자의 본질을 이해하기에는 부족함이 있습니다.

그 이유는 철저한 준비와 실력이 있음에도

투자에 실패하는 경우가 너무나 많기 때문입니다.

그래서 필자는 '투자의 본질은 힘센 사람이 이기는 싸움'이라고

정의합니다.

예전에 떼돈을 버는 사람이 많았습니다.

요즘은 보기가 참으로 힘이 듭니다.

바로 목욕탕을 운영하는 분입니다.

사우나가 동네에 새로 생기면서

목욕탕은 점점 자취를 감추기 시작합니다.

그렇게 사업이 잘되는 사우나도 대형 찜질사우나가 들어오면
경쟁력을 잃고 폐업하게 되는 것입니다.

투자의 본질은 힘센 놈이 이기는 대표사례 중 하나입니다.

투자의 본질은, 외교에서도, 전쟁에서도
특수한 경우를 제외하고는 "힘센 놈이 이기는 싸움이다."라는
원리는 그대로 적용됩니다.

우리는 투자의 본질을 알기 때문에
투자에 성공할 수가 있는 것입니다.

06 투자의 성공 비결

'투자의 본질은 힘센 놈이 이기는 싸움이다.'

우리는 투자의 본질이 힘센 놈이 이기는 싸움이라는 것을

알기 때문에 투자의 성공 비결을 알 수가 있습니다.

투자의 성공 비결은

'힘센 놈과 한 편이 되자.'와

'힘센 놈과 같이 가자.'입니다.

절대적으로 잊어서는 안 되는 것이

'힘센 놈과 싸우면 죽음이다.'라는 것입니다.

힘센 놈과 한 편이 되어 성공한 사례

대한민국을 행복하게 한 2002년 한일 월드컵이 있었습니다.

2002년 월드컵 유치는 사실 일본이 먼저 시작하였고

대한민국은 후발 주자였습니다.

대한민국은 단독으로 2002년 월드컵을 유치하기가

사실상 어렵다고 판단하였고

한일 관계 개선을 명목으로

한일 월드컵을 일본에 제안하게 된 것입니다.

일본도 처음부터 한일 월드컵을 찬성한 것은 아니었습니다.

다른 대륙에서도 월드컵 유치를 희망하였고,

한국과 일본 각자 유치를 시도한다면

일본도 2002년 월드컵 유치에 성공할 확률이 적기 때문에

어쩔 수 없이 한일 공동 월드컵이 된 것입니다.

그래서 2002년 한일전의 승리는

4강 신화를 쓴 대한민국이 가져간 것입니다.

힘센 놈이 이기는 싸움은 비단 투자뿐만 아니라,

외교에도 그대로 적용되는 것입니다.

그래서 외교도 힘센 놈과 한 편이 되거나,

힘센 놈과 같이 가는 것입니다.

노태우 대통령 때 대만과 단교를 하고,

중국과 수교를 맺은 것은 외교적인 면에서나

투자적인 면에서도 대성공인 것입니다.

대한민국이 1997년 IMF 사태와 2008년 금융위기 극복을

빨리할 수 있었던 힘은 미국의 거대시장뿐만 아니라

중국이라는 새로운 거대시장이 있었던 덕분입니다.

힘센 놈과 같이 가서 성공한 사례

대한민국 커피 업계의 절대 강자가 스타벅스 커피입니다.

지금은 아니지만 이디야 커피가 커피 업계의 힘센 놈인

스타벅스 커피와 같이 가서 성공한 사례입니다.

스타벅스 커피가 들어오면 땅값과 건물 가격이 오른다는

일명 '스세권'이 생겼습니다.

그만큼 스타벅스 커피는 입지를 보는 안목이 대단하였습니다.

입지 선정을 잘하는 스타벅스 커피점 부근에는

이디야 커피점이 많이 보입니다.

특히 점심시간 스타벅스 커피점은 빈자리가 없을 경우가 많았고,

또 시끄러웠고, 성격 급한 손님들은 기다리지 못하고 부근에

있는 이디야 커피점으로 많이 가게 된 것이었습니다.

더군다나 가격도 스타벅스 커피보다 평균 1,000원 정도

저렴하여 영업하시는 분들도 선호하는 장소가 되었습니다.

지금 이디야 커피는 체인점만 3,000개 이상으로 성장하여

국민에게 사랑받는 커피 브랜드가 되었습니다.

또한, 이디야 커피 폐점율이 프랜차이즈 업계에서 가장 낮아

체인점 점주들이 가장 선호하는 프랜차이즈가 되었고,

이디야 커피 체인점을 2~3개 운영하는 사장님들을

많이 보유한 안전한 브랜드가 되었습니다.

언젠가는 체인점 숫자뿐만 아니라,
매출에서도 스타벅스 커피를 능가하는 날이
오기를 희망합니다.

비단 이디야 커피만의 이야기가 아닙니다.
강릉이 커피의 도시가 된 것도 박이추 선생님과 테라로사 커피
같은 커피계의 힘센 놈과 같이 가기 때문입니다.
커피 외에도 힘센 놈들과 같이 가서 성공한 사례는
참으로 많습니다.
의정부 오뎅집을 필두로 한 부대찌개 거리,
안흥 찐빵 마을, 용두동 쭈꾸미 거리 등
투자의 성공은 '힘센 놈과 한편이 되거나,
힘센 놈과 같이 가면' 참으로 쉽습니다.
그러나 힘센 놈을 이겨 보겠다고
용을 쓰는 사람들이 참으로 많습니다.
참으로 안타깝습니다.

투자의 목적을 서울에서 부산까지 여행으로 비유하면
힘센 놈인 KTX 열차를 타고 가면 됩니다.
잠이 오면 잠을 자면서, 때론 캔맥주도 마시면서

편안히 투자의 목적지인 부산까지 가면

얼마나 안전하고, 쉽고, 확실합니까?

그런데 힘센 놈 대신

나는 서울에서 부산까지 걸어간다고 고집하면

조금 걸으면 배고파 죽고, 목말라 죽고, 힘들어 죽고,

여름이면 더워서 죽고, 겨울이면 추워서 죽는 것이

서민들의 투자 세계입니다.

또 피곤하면 쉬어 가야 하고, 배가 고프면 먹을 것을

사 먹어야 하고, 밤이 오면 잠을 자야 합니다.

힘이 들면 돈은 절약되는 것이 세상의 이치인데

투자의 세계는 늘 정반대로 움직입니다.

돈은 더 투입되고, 시간은 더 소요되며, 힘은 더 많이 들게 되는

것은 투자의 성공 비결인 힘센 놈과 한 편이 되거나 힘센 놈과 같

이 가는 것을 거부하였기 때문입니다.

그러고는 '나는 운이 없다.'라고 투덜대는 것입니다.

운이 없는 것이 아니라, 본인이 운을 거부하였습니다.

고백하면 필자의 이야기입니다.

주식시장으로 설명을 다시 해보겠습니다.

외국인과 기관이 주식을 매수하면

서민들은 따라 주식을 매수하면 되는 것이고,

외국인과 기관이 주식을 매도하면

서민들은 따라 주식을 매도하면

서민들은 큰 손실 없이 수익을 낼 수가 있습니다.

그러나 자세히 살펴보면 외국인이나 기관이 주식을 매수할 때

개인들은 주식을 매도하는 경우가 많으며

또 외국인이나 기관이 주식을 매도할 때에는

서민들은 저가라고 매수하는 경우가 많습니다.

힘센 놈인 외국인과 기관과 반대로 매매하는 경우가 많으니

힘이 약한 서민들은, 개미들은 주식시장에서

돈을 벌기가 좀처럼 힘든 것입니다.

힘이 센 재벌들의 형태를 살펴보면 답이 나옵니다.

힘이 센 재벌들이 힘을 더 키우는 결합과 연합 전략

사업도 마찬가지로 힘이 센 놈이 이기는 싸움입니다.

대표적인 것이 재벌 통신사의 결합상품입니다.

그것도 부족하여 재벌 통신사는 편의점과 연합하고

또 극장과 연합하여 통신사 포인트를 활용하여

매출을 서로서로 올리는 사업을 펼칩니다.

가진 것은 적고, 힘이 약한 서민들은

어떻게 해야 투자에 성공할 수 있을까요?

"힘센 놈들과 한 편이 되거나, 힘센 놈과 같이 가자."를

실천하는 재벌처럼

힘이 약한 우리도

힘센 놈들이 하는 것을 그대로 배우고, 따라 하면

투자의 실패는 줄이고

성공확률은 높일 수 있습니다.

07 투자의 성공요소는
실력보다 확률이 더 중요하다

필자는 앞장에서 준비도 실력도 없는 투자는

도박이라고 언급하였습니다.

그래서 수영에 비유하여 안전한 수영장에서

전문가에게 발차기부터 차근차근 배워야 한다고 하였습니다.

그런데 투자는 한강처럼 끝이 보이는

세계만 있는 것이 아닙니다.

보통은 망망대해 바다처럼 끝이 보이지 않는 것이

대다수 투자의 세계입니다.

가까운 곳에 섬이나 육지가 보인다면

수영 실력은 큰 도움이 되지만,

망망대해에서 수영 실력은 도움이 거의 되지 않습니다.

오히려 자만으로 더 위험할 수도 있습니다.

망망대해에서는 수영 실력보다는

구명조끼가 생존확률이 더 높습니다.

바다는 한강 건너가는 것처럼

수영 실력이 중요한 것이 아니라,

오래 버티기가 더 중요하기 때문입니다.

투자의 세계가 이와 비슷합니다.

그래서 투자의 세계에서는 실력도 중요하지만,

더 중요한 것은 성공 확률입니다.

금융기관 종사자 중

월급 받는 증권회사지점장, 은행지점장을 비교하면

자기 집 없는 비율은 증권회사 지점장이 높습니다.

10년 차 정직원들을 비교해도

자기 집 없는 비율은 증권회사 직원이 높을 것입니다.

은행직원은 보수적으로 돈을 모읍니다.

모르는 곳에는 투자하지 않는 경향이 많습니다.

증권회사 직원은 이보다 공격적으로 투자합니다.

증권회사 직원들의 공격적 투자는

잘못된 투자로 이어질 확률이 높습니다.

그런데 투자 실력은 은행직원보다

증권회사 정규직 직원들이 더 높습니다.

왜 투자 실력이 높은 증권회사 직원이

은행직원보다 자가 소유비율이 낮을까요?

증권회사 직원과 은행직원의 돈을 버는 행동을 살펴보면

두 가지를 알 수 있습니다.

실력보다 확률이 더 중요하다는 사실과

모르는 곳에 투자하면 안 된다는 사실은

투자하는 사람에게 알려주는 살아있는 교훈입니다.

서민들의 투자 실력은 증권회사 직원보다도 훨씬 낮습니다.

그럼에도 대한민국의 많은 서민은

부동산을 통해 부를 만들어가고 있습니다.

투자의 세계에서는 실력이 무척 중요합니다.

하지만 실력보다 더 중요한 것은 확률입니다.

돈 벌 확률이 주식시장은 낮고 부동산은 높습니다.

그래서 주변에 주식투자로 망한 사람도 많고,

부동산 투자를 통해 부자가 된 사람도 많은 것입니다.

투자하는 사람이 확률 높은 곳에서 실력 발휘를 한다면

더 안전하면서, 더 빨리 부자의 길로 접어들 것입니다.

08 왜 성공투자를 해야 하는가?

여러 가지 이유가 있습니다.

너무 오래 사는 장수 리스크 때문입니다.

과거에는 죽을 때까지 일하는 농경사회가 주류였습니다.

물론 오래 사신 분들도 계셨지만,

그때는 장수 리스크가 거의 없었습니다.

장수 리스크를 잘 대비하면

인류의 오랜 꿈 장수는 분명 축복이 될 수가 있습니다.

지금은 송해 선생님처럼 오래 일하는 사람을

부러워하는 시대가 되었습니다.

장수 리스크를 잘 대비하여 누구나 장수의 축복을 누리길

소망합니다.

정년보장이 안 되기 때문입니다.

우리 선배들은 대다수 정년까지 근무하였습니다.

IMF 이후 무한 경쟁사회에서는 공무원과 일부 회사를 제외하고
는 정년을 보장받기 힘든 사회가 되었습니다.

과거보다 취직이 안 되기 때문입니다.

취직은 안 되고, 계약직과 아르바이트 등 취직의
질이 과거보다 낮아 돈을 벌고, 저축하기가 상당히 어렵습니다.

저금리 때문입니다.

필자가 처음 직장 생활한 1991년 은행금리가 연 10%였습니다.

그것도 저금리로 생각하였습니다.

그 당시에는 그만큼 고성장 사회였습니다.

취직 걱정은 별로 없는 시기였습니다.

그런 우리 시대도 IMF와 금융위기는 피해가지 못했습니다.

우리 사회가 이미 고비용 사회에 접어들었습니다.

도시생활에서는 조금 과장하면 숨 쉬는 것 제외하고는
다 돈을 요구하고 있습니다.

이제는 중국발 미세먼지와 코로나 19 때문에 숨 쉬는 것에도
돈을 투입해야 하는 상황입니다.

경쟁사회는 패자부활전의 기회를 박탈합니다.

그래서 투자는 신중해야 하고, 반드시 성공해야 하는 것입니다.

경쟁사회가 될수록 돈 벌 기회는 적어지고,

또 일자리의 질이 낮기 때문에 저축하기도 힘이 듭니다.

투자 실패로 한번 무너지면

다시 일어서기가 점점 힘들어지는 저성장 사회이기 때문입니다.

종합적으로 말씀드리면

돈을 버는 시간은 적고, 돈을 쓸 시간은 많기 때문에

나를 대신하여 돈을 벌어줄 아바타가 바로 성공투자인 것입니다.

나는 하루 8시간 일을 하지만,

나의 아바타는 하루 24시간 잠도 안자고 일을 합니다.

즉 세 사람이 하는 것을 나의 아바타가 대신하여 줍니다.

주말과 공휴일 휴가를 감안하면

다섯 사람이 하는 일을 나의 아바타가 합니다.

그래서 성공투자는 꼭 필요합니다.

마지막으로 정년이 없습니다.

60세 퇴직 이후까지 감안하면

성공투자는 열 사람이 하는 것을 대신합니다.

하루 24시간 1년 365일 평생 일하는 성공투자는
여러분을 부자로 이끌어 줄 것입니다.
장수시대에는 반드시 돈이 필요합니다.
그만큼 돈이 많이 필요하다는 이야기입니다.
만일 나를 대신할 아바타가 없다면
서민들은 죽을 때까지 일해야 합니다.
그러나 현실적으로 일할 수가 없습니다.
그 간격을 메워주는 아바타가 성공투자입니다.

09 성공 확률이 높은 여자들의 투자 비결

인류의 원시 조상은 수백만 년 전부터 지구에 살기 시작했습니다.

진화를 거듭하여 호모사피엔스 시대를 연 시기는

4~5만 년 전입니다.

인류의 조상들은 오랜 시간 동안 추위 등

열악한 환경과 싸워야 했고, 또 먹을 것을 확보하기 위해

이동 생활과 집단 생활을 하면서 진화해왔습니다.

인류 대부분 역사가 구석기 시대의 역사입니다.

지금 우리들이 맛있는 것을 먹거나

새로운 옷을 사면 스트레스가 풀리고 기분이 좋은 것은

구석기 시대의 생존 본능이

남아있기 때문인지도 모르겠습니다.

구석기시대부터 오랜 시간에 걸쳐 사람들의 본능이 만들어지고

자자손손 유전되면서, 본능으로 고착된 것입니다.

그래서 구석기 시대의 인류를 살펴보는 것이

사람의 본능을 살피는 데 도움이 됩니다.

남자들은 사냥을 위해 이 산과 저 산을 뛰어다녀야 했기 때문에

육체가 발달했습니다.

집단이 모여 사냥을 했기 때문에

자연스럽게 무리를 이끄는 책임자가 있어야 했습니다.

책임자의 지도하에 사냥 효율을 높이기 위해 집중력이 필요했고

말은 침묵하거나, 최소한의 말만 하고, 말 대신 몸짓(수신호)이

발달했습니다.

사냥감이 내는 소리만 들어도,

어디쯤 사냥감이 있는지를 파악하는 공간능력도 발달했습니다.

사냥의 실패는 그날 부족민에게 굶주림으로 연결되기 때문에

사냥 성공을 위해 사전 탐사와 덫을 준비하기도 하였습니다.

사냥은 부족의 목숨을 유지하는 주요 수단이었습니다.

날씨 등 다른 이유로 사냥을 나가지 못할 경우도 많았습니다.

그래서 사냥만으로 식량을 해결하기 부족하기에

산과 들로 채집활동을 병행하였습니다.

채집활동은 사냥보다 덜 위험하였기 때문에

주로 여자들이 담당했습니다.

채집활동과 식사를 준비하면서

아이 키우는 이야기를 공유하였습니다.

그 당시는 의사도 없고, 약사도 없었으므로

먼저 출산하고 아이를 키우는 선배가 의사이고, 약사였습니다.

그분들의 경험에서 나오는 이야기가 곧 처방전이었습니다.

그래서 여자들은 먼저 출산을 경험하고, 양육을 담당한 선배가

한 이야기를 잘 기억할 수밖에 없습니다.

그 기억이 아이들을 키우는 밑천이기 때문입니다.

아이들을 키우는 과정에서 발생하는

여러 문제를 해결하기 위한 여자들의 이야기는

아이들을 양육하기 위한 중요한 수단이었습니다.

이야기를 통하여 공감능력이 발달했습니다.

이것이 발전하여 수다가 되었습니다.

많은 봉사자와 간호사 등 대부분이 여자인 것은

공감능력이 발달했기 때문입니다.

여자는 일하는 와중이던, 수다를 떠는 과정이던

언제나 아이들의 행동을 관찰하였기 때문에

멀티능력이 뛰어나게 된 것입니다.

그래서 지금도 직장과 육아를 병행하는 분들이 많은 것은

유전적으로 멀티능력이 개발되었기 때문입니다.

남자들의 사냥본능은 스포츠를 좋아하는 것으로 이어졌습니다.

남자의 투자 성향도 사냥본능이 남아 있어

여자보다 공격적입니다.

그래서 남자들은 사냥에서 자주 실패하는 것처럼

투자에서도 자주 실패를 합니다.

필자도 주식투자를 통해 처참한 실패를 경험했습니다.

필자처럼 많은 남자가 실패한 것은

공격본능이 남아 있기 때문입니다.

여자들은 출산과 육아를 통해 형성된 본능은

채집처럼 안전한 투자 성향을 가집니다.

이번 투자에 실패하면 내 아이들이 굶기 때문에

신중하게 접근하며 안전한 투자를 선호합니다.

그것이 여자가 남자보다

투자에 성공할 확률이 높은 이유이기도 합니다.

여자들이 좋아하는 투자로 안전하고, 확실한 종목이

과거에는 땅이었고, 지금은 아파트입니다.

그것을 주도한 세력이

우리는 복이 많다 하여 복부인이라고 부릅니다.

그래서 남자가 돈 관리하는 집보다

여자가 돈 관리하는 집이 부자가 더 많은 것입니다.

맞벌이가 보편화되기 전에 돈을 버는 주체는 남자지만,

돈을 굴려, 재산을 불리는 주체는 여자가 많습니다.

남자가 돈을 굴리는 데 정신을 팔면

직장이라는 전쟁에서 패배자가 될 확률이 크기 때문에

많은 남자는 다른 곳에 신경을 쓰지 못합니다.

여자들은 아이들 키우는 이야기, 학교 이야기 등

다양한 이야기로 수다를 하면서

우리 동네에 대형병원이 오는 정보, 지하철이 오는 정보,

기타 다양한 정보를 듣고 유망한 투자처를 발굴할 수 있습니다.

발굴한 정보를 통해 안전하고 확실한

부동산 투자를 많이 하였습니다.

여자들의 이런 과정을 통하여 부자가 된 가정이 많았습니다.

지금도 여자들의 이런 형태를 통해 부자가 많이 생겨납니다.

지금도 투자를 한다면 남자보다 여자들의 본능이 뛰어납니다.

촉이 앞섭니다.

만일 부부간의 의사가 일치하지 않을 때

아내 말을 들으면 성공 확률이 높습니다.

그 이유는 여자들이 좋아하는 안전하고, 확실한 투자가

성공 확률을 높여 주기 때문입니다.

⑩ 돈의 가치를 바로 알면 투자가 보인다

사람들은 열심히 돈을 벌지만 왜 돈이 없을까요?

특히 새벽부터 일하는 사람들은 누구보다 부자여야 하는데

오히려 서민(청소부, 건설회사 일용직, 버스. 택시. 대리 기사 등)들은

돈이 적을까요?

그 많은 돈은 어디로 갔을까요?

부자들은 부자대로 돈이 부족하고,

서민은 서민대로 돈이 없는 이유가 무엇일까요?

먼저 돈이 가지고 있는 가치가 어떤 것이 있을까요?

돈은 교환가치가 있습니다.

돈이 없는 옛날에는 물물교환에서 시작하였지만,

물물교환은 서로의 필요가 맞아야 하고

또 실물을 가지고 움직이기 때문에 불편합니다.

이러한 불편함을 해소한 것이
돈이 갖는 보편적 교환가치입니다.

돈은 평가가치를 가지고 있습니다.
교환가치가 가지고 있는 불편함과
손해 보는 느낌을 해소해 주는 가치가 바로 평가가치입니다.
예를 들면 소 한 마리는 돼지 열 마리 반이라고 가정하면
열 마리로 교환하면 소를 가지고 있는 사람이 손해이고
열한 마리로 교환하면 돼지를 가지고 있는 사람이 손해입니다.
이것을 정하는 기준이 돈이 가지고 있는 평가가치입니다.

돈은 사용가치를 가지고 있습니다.
만일 사용가치를 가지고 있지 않은 돈은 죽은 돈입니다.
멸망한 나라들의 돈들은 다 죽은 돈입니다.
돈이 가지고 있는 사용가치 때문에
우리는 현재의 삶을 제대로 누리고 있는 것입니다.

돈은 저장가치를 가지고 있습니다.
세상의 대다수 물건은 시간이 흐름에 따라 감가상각이 되고
유행에 뒤져 가치가 하락합니다.

돈은 저장가치를 가지고 있으므로
옛날에는 집에 저장하였고, 지금은 금융기관에 저축합니다.

돈은 신용가치를 가지고 있습니다.

즉 돈은 발행하는 주체가 신용이 있어야
비로소 가치를 발휘할 수 있습니다.
돈의 신용가치는 발행하는 주체가 힘이 셀수록
신용가치가 높습니다.
후진국의 화폐는 신용가치의 하락 때문에
인플레이션에 쉽게 노출되었습니다.
그렇기 때문에 이자율이 상당히 높습니다.
달리 표현한다면 이자율이 높아도
실물자산의 상승률이 더 높습니다.
이미 우리나라도 예전에 경험하였습니다.
지금도 신용가치가 낮은 후진국 어느 나라에서는
월급 받는 즉시 사람들이 마트에 가서
생필품을 사재기하는 현상이 발생합니다.
사재기하지 않으면 한 달이 가기 전에
생필품 가격이 올라서 한 달을 버틸 힘이 없고,
또 금전적으로 손해 보기 때문입니다.

힘센 달러와 교환할 때 신용가치가

미국보다 낮아 평가가치 역시 낮습니다.

여기서 환율이 나옵니다.

신용가치는 늘 변합니다.

그래서 환율은 생물처럼 움직이는 것입니다.

이 신용가치를 가지고 백화점들은 상품권을 발행합니다.

백화점의 신용도에 따라 상품권 판매점에서 판매하는

상품권 가격이 조금씩 다른 이유입니다.

백화점보다 신용도가 낮은 것이 구두 상품권입니다.

이들 모두 신용을 바탕으로 가치를 창출합니다.

신용가치는 시간이 흐름에 따라 크게 요동칩니다.

오랜 시간 세계를 지배한 로마제국도 망했고

세계에서 가장 큰 제국을 만든 원나라도 결국 망했습니다.

다른 표현을 하면 그 나라 화폐를 많이 소장한 사람도

같이 망했습니다.

신용을 발행한 주체가 망한 것이기 때문에

화폐가 가지고 있는 신용가치는 휴지 조각이 된 것입니다.

그러나 로마제국 사람이나 원나라 사람들이

금이나 땅을 가지고 있다면

로마제국의 멸망과 원나라의 멸망과 상관없이

본인들의 재산을 지킬 수가 있습니다.

사람들은 돈이 가지고 있는 신용가치는

신용을 발행하는 주체가 건강해야 생존하는 그림자 가치라는

것을 옛날부터 경험으로 알았습니다.

부자들은 오랜 경험 때문에 비상금을 제외하고는

그림자 자산인 돈을 많이 가지고 있는 것이 아니라,

부동산 등 실물자산에 많은 돈을 투자한 것입니다.

그래서 부자들은 재산도 많지만, 돈은 생각보다 적은 것이고

서민들도 적은 돈이지만,

실물자산에 투자하여 돈이 없는 것입니다.

부자들은 돈을 모이면 부동산에 주로 투자하는 이유가

실물자산이 진짜 재산인 것을 누구보다 먼저 알았기 때문에

부자가 되었습니다.

그리고 실물자산을 팔지 않고 지켜온 까닭에

자자손손 부자로 살 수가 있었습니다.

부자들의 투자방식을 따라한 서민들 역시 부자가 되었습니다.

그것이 지금 불고 있는 아파트 투자이며

누구나 선호하는 개발되는 땅입니다.

부자 중에 땅을 좋아하지 않는 사람은 없습니다.

부자들이 땅을 선호하는 이유가

땅은 재고자산과 달리 감가상각이 필요 없는 재산이며,

화재보험이 필요 없는 재산이며,

생산이 안 되는 재산이며(대체불가),

해마다 가격은 오르는 재산이면서,

땅에서 계속 부를 창출하는 원동력임을 알았기 때문입니다.

11 돈의 속성

휘발성

돈은 휘발성을 가지고 있습니다.

그래서 우리는 쉽게 휘발되지 않도록

통장에 꼬리표를 붙여 관리하고 있습니다.

책임성(인격성)

돈은 일정 규모 이상 가지면 의무를 요구합니다.

규모가 커지면 커질수록 더 큰 의무를 요구합니다.

바로 돈이 가진 책임감입니다.

그래서 기업가들은 사업보국을 통해 고용을 창출하고,

국가 경제에 이바지하는 것입니다.

또 돈은 많이 가진 사람들에게는 높은 수준의 인격을 요구합니다.

서민이 무례하면 욕만 하고 넘어가지만,

돈을 많이 가진 사람이 무례하면 갑질이라는 오너 리스크가 발생합니다.

그리고 그 피해는 고스란히 회사와 임직원에게 전가됩니다.

그래서 더 많은 돈은 더 높은 인격을 요구합니다.

돈유인력

물은 위에서 아래로 흐르지만,

돈이라는 물질은, 많은 돈은 적은 돈을 흡수합니다.

그래서 돈은 만유인력이 있는 것입니다.

그것이 돈유인력의 법칙입니다.

돈의 크기가 크면 클수록

성공 확률이 높아지는 것과 같은 이치입니다.

돈은 뭉칠수록 힘이 강력합니다.

그래서 돈은 뭉치고 또 뭉쳐야 합니다.

흩으면 힘이 약해지기 때문입니다.

그 원리를 사람들이 잘 알고 있기 때문에 동네 치킨 개업보다는

프랜차이즈 치킨 개업을 선호하는 것입니다.

⑫ 돈의 특징

지키지 못하면 빼앗긴다.

돈은 잘 지켜야 합니다.

그렇지 않으면 빼앗깁니다.

적금이 만기를 앞두면

주변에서 어떻게 알고 있는지 빌리려는 사람이 많습니다.

또 돈이 조금 있으면 어떻게 알았는지,

여기저기 투자하라는 사람들이 얼마나 많은지도 모릅니다.

물론 투자를 요구하는 사람들이 다 사기꾼은 아닙니다.

그렇지만 옥석을 가릴 실력을 갖추어야 합니다.

그렇지 않으면 내 돈이 안 될 가능성이 많은 돈,

즉 빼앗길 돈이 될 가능성이 큽니다.

그래서 사람들은 과거에 잘나갈 때 그 돈을 지키지 못한 것을

후회하며 왕년 타령을 하는 것입니다.

필자 역시 과거의 돈을 지키지 못한 것을 지금도 후회하고 있습니다.

지금이라면 사람의 운명을 바꿀 종잣돈이 되었다고 말입니다.

시간과 땀을 요구합니다

땀을 투입하지 않은 돈은 쉽게 도망갑니다.

그런 돈은 땀 흘린 돈보다 애정이 없는 돈입니다.

애정이 없는 돈은

보통 헤프게 사용하게 되고

헤프게 사용하다 보니

지킬 힘이 약한 돈이 되고

지키기 힘든 돈은 내 돈이 되기 힘든

그냥 스치는 돈이 될 가능성이 큽니다.

사람들이 가진 재산 중에 가장 크게 벌어준 돈은

부동산에 투자한 돈입니다.

왜냐하면, 대한민국 부는 부동산에서 나오기 때문입니다.

그 달콤한 과실을 먹기 위하여

우리는 저축을 통하여 종잣돈을 만들고,

종잣돈과 대출을 활용하여 먼저 아파트를 구입한 후에

강제로 저축하면서 서민과 중산층은 부자가 되었습니다.

그 과정에서 얼마나 많은 시간과 땀을 투자하였습니까?

⑬ 저축. 투자. 보험의 그래프로 본 역할

저축의 장점은 마이너스가 없다는 점이며

단점은 시간과 정비례한다는 점입니다.

투자의 장점은 시간을 앞당겨 돈을 모을 수 있다는 것입니다.

반면 단점은 저축보다 초과수익을 추구하다 보면,

오히려 원금을 잃을 확률이 크다는 점입니다.

저축과 투자는 둘 다 시간의 지배를 받는 상품으로

시간이 지나야 원하는 것을 얻을 수 있는 금융상품입니다.

반면 보험의 장점은 가입하는 순간 시간을 초월하는 상품입니다.

단점은 해약할 때 원금의 손실을 많이 본다는 것입니다.

보험은 필요 때문에 가입해야 하지만,

인맥 때문에 어쩔 수 없이 가입하는 경우가 적지 않기 때문에

가정의 재무건전성을 훼손할 가능성이 많은 상품이기도 합니다.

이것 때문에 재무 플랜이 필요한 것입니다.

이 세 가지 상품을 적절히 잘 조합한다면

개인과 가정에 적합한 재무 플랜을 만들 수가 있습니다.

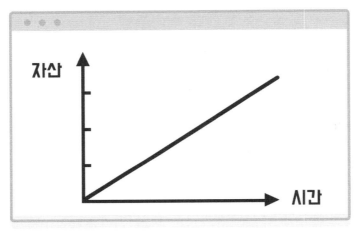

저축 그래프

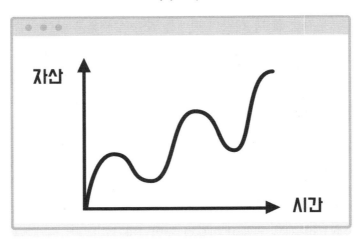

투자 그래프

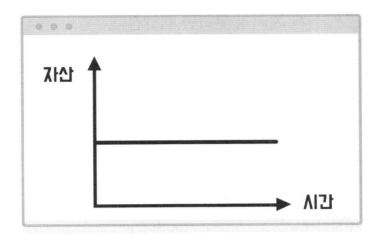

보험 그래프

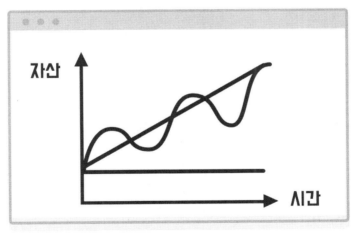

보험 · 저축 · 투자 그래프

14 돈은 지키지 못하면 빼앗긴다

돈에는 땀과 피눈물이 녹아 있습니다.

부자가 되기까지는 많은 시간이 필요합니다.

부자가 되기 위해서는

먼저 지키는 능력을 키워야 우리는 부자가 될 가능성이 있습니다.

그런데 왜 서민들은, 가난한 사람들은 사기를 잘 당할까요?

예전에 경찰퇴직금, 군인퇴직금, 교사퇴직금은

먼저 보는 사람이 임자라는 말이 유행한 적이 있었습니다.

사기를 당하는 공무원들이 많은 만큼 사기꾼들도 많았습니다.

지금도 마찬가지입니다.

사기꾼들은 부자보다도 서민들에게, 가난한 사람들에게

사기를 치는 경우가 많습니다.

오죽하면 벼룩의 간을 빼먹는 천하의 나쁜 놈이라고

욕을 할 정도로 악질입니다.

물론 사기꾼에 대한 처벌이 가벼운 것도 그 원인이 될 수도 있겠지만, 사기꾼이 왜 그렇게 많을까요?

그리고 서민들과 가난한 사람들은 왜 사기를 많이 당할까요?

서민들과 가난한 사람들이 빼앗기는 돈은

단순히 돈만 빼앗는 것이 아니라, 희망을 빼앗는 것이며,

경우에 따라서는 목숨까지 빼앗는 것입니다.

왜 서민들과 가난한 사람들은 돈을 지키지 못하고 빼앗길까요?

돈을 지키지 못하고 빼앗기는 사람들은 몇 가지 성향이 있습니다.

착하다

그래서 지인이 돈을 빌려 달라고 하면 거절하지 못하고,

보증을 서달라고 할 때도 거절하지 못하는 경향이 많습니다.

사람을 너무 믿습니다

특히 평상시에 알고 있는 분들을 무조건 믿는 경향이 있습니다.

귀가 얇다

그래서 돈이 된다고 하면 주판을 두드리지 않고 투자를 합니다.

빨리 부자가 되고자 하는 욕구가 강합니다.

돈을 빨리 그리고 많이 벌고 싶은 욕구가 탐욕을 불러옵니다.

사기꾼들은 돈을 벌고 싶은 탐욕을 자극하여

돈을 벌 수 있다는 환상을 심어줍니다.

그 환상을 자극하여 사기꾼들은

서민들과 가난한 사람을 대상으로, 있는 돈, 없는 돈을

투자하게 하여 서민들과 가난한 사람들을 무너뜨립니다.

그러면 왜 부자들은 사기꾼의 재물이 쉽게 되지 않을까요?

우리 주변에 부자가 사기를 당하였다는 이야기를

듣기 힘든 이유가 무엇일까요?

부자들은 터무니없는 수익률이나 이야기를 믿지 않습니다.

부자들은 투자를 권유받는 많은 정보를

일단 의심의 눈으로 바라보고

투자 대상을 철저하게 검증하는 과정을 거칩니다.

서민이나 가난한 사람들에게 없는 또 다른 무기이기도 합니다.

이 차이가 돈을 지키는 부자와

돈을 빼앗기는 서민들과 가난한 사람을 결정합니다.

부자가 되는 첫걸음은 지키는 능력에서 시작됩니다.

지키지를 못한다면 부자가 되는 것을 포기해야 합니다.

15 서민들과 가난한 사람들의 돈을 빼앗는 대표적인 것들

대출과 보증

지금도 많은 서민과 가난한 사람은

주변 지인에게 돈을 빌려주어 돈을 빼앗깁니다.

돈이 급하다고 말하면

정말 그런 줄 알고 없는 형편이지만 빌려줍니다.

때때로 은행 대출까지 해서 돈을 빌려주는 사람도 있습니다.

사람을 너무 믿어서 또는 이자 조금 더 받을 욕심에

많은 사람이 범하는 오류입니다.

은행은 돈을 빌려줄 때 그냥 빌려주나요?

보통은 담보를 확보한 다음에 돈을 빌려줍니다.

그것도 깐깐하게 담보물을 평가까지 한 연후에 돈을 빌려줍니다.

그런데 서민들은 어떻게 빌려주는지요?

그냥 빌려줍니다.

가장 최악의 경우에는 아무 서류 없이 현금으로 빌려줍니다.

그래서 악질 채무자는 돈 빌린 적이 없다고

오리발을 내미는 경우가 있는 것이 서민들의 대출 관행입니다.

서민들과 가난한 사람들도 돈을 빌려줄 때는

담보를 요구해야 소중한 자산을 지킬 수가 있습니다.

은행이 담보 요구하는 것은 당연하고,

서민이나 가난한 사람이 요구하는 것은 치사한 것인가요?

오히려 힘이 센 은행이 담보 요구하는 것이 치사한 것이고,

서민과 가난한 사람이 요구하는 것이 당연한 것 아닌가요?

지금은 보증을 요구하는 사람이 예전보다 적지만,

보증도 서민들과 가난한 사람의 재산을 빼앗아 가는

힘센 놈들의 농간입니다.

네트워크, 특히 악질 코인

일자리도 적고, 돈을 벌기가 정말 힘이 듭니다.

그래서 다단계 네트워크로 돈을 쉽게, 빨리 벌고 싶은 마음에

지금도 서민들과 가난한 사람들이 많이 몰려들고 있습니다.

정상적인 네트워크 회사도 성공하기 위해서는

조직구축 능력이 있어야 합니다.

본인이 조직구축 능력이 없다면

네트워크 사업으로 돈을 벌기가 어렵습니다.

대다수 사람은 네트워크로 돈을 버는 것보다는

돈과 시간을 낭비하는 사람이 많고

이분들의 대부분이 서민이고 가난한 사람들입니다.

많은 사람에게 피해를 주는 네트워크 회사도 많습니다.

그런 회사일수록 큰 부자가 될 수 있다는

환상을 많이 심어줍니다.

예전에 물건으로 네트워크 하는 사람들은

애교 수준일 정도로 지금은 피해가 점점 커지고 있습니다.

가장 대표적인 악질 네트워크가 코인(가상화폐) 네트워크입니다.

비트코인이 성공한 것을 모델로 하여

수백 배, 수천 배 환상을 꿈꾸게 합니다.

코인 네트워크의 90% 이상은 사기라고 생각하고

관심을 끊은 것이 내 돈을 지키는 지름길입니다.

그것이 아니면 일단 의심에서 시작하여, 공부하고,

소액으로 접근하는 것이 바람직합니다.

합법적 도박인 주식시장

주식시장은 돈을 버는 사람보다 잃는 사람이 훨씬 많은 곳입니다.

반대로 이야기하면 작전 세력에게는 큰돈을 벌 수도 있는 곳입니다.

사기꾼과 작전세력에 대한 처벌이 경미하다 보니

주식시장에서도 작전세력이 활개를 폅니다.

특히 주변의 지인들에게 좋은 정보가 있는데,

주식투자를 하면 돈을 벌 수 있다는 환상을 심어줍니다.

서민이나 가난한 사람들에게 오는 정보는 90% 이상이

총알받이용 잘못된 정보입니다.

작전세력은 법을 위반하면서까지 돈을 버는 악질인데,

서민이나 가난한 사람들에게 돈을 벌게 하는 정보를 줄 수도

없고, 줄 마음도 없다고 생각하면 좋습니다.

작전세력에 당하는 것도 문제이지만,

실력도 없고, 준비가 안 된 상태에서 하는

주식투자가 더 큰 문제입니다.

이것은 돈을 잃게 하는 합법적 도박입니다.

이와 마찬가지로 준비 안 된 식당 개업도 도박입니다.

돈을 투자하는 모든 것에는 반드시 준비와 실력을 갖춘 상태에서

투자해야만 하고, 돈을 벌 확률까지 생각해야 합니다.

돈은 반드시 지켜야 하고, 지킬 수 있을 때만 돈을 버는 것입니다.

기획부동산

누구나 땅은 돈이 된다는 생각이 있습니다.

사실은 아무 땅이나 돈이 되는 것은 절대로 아닙니다.

좋은 땅이 돈이 됩니다.

좋은 땅이 돈이 되니까

아무 땅이나 돈이 되는 것처럼 포장하고 각색합니다.

가장 대표적인 것이 기획부동산입니다.

기획부동산은 사기를 쳐

서민들이나 가난한 사람들의 등골을 빼먹습니다.

최근에는 경매회사란 이름으로

임야(산)를 대상으로 개발 호재가 있는 것처럼 포장하여

사기 치는 기획부동산이 많습니다.

16 속담은 오랜 시간 발효시킨 많은 사람의 잔소리이다

누구나 잔소리 듣는 것을 싫어합니다.

누구나 듣기 싫은 잔소리를 하는 사람은 아이러니하게

나를 사랑하는 부모님, 선생님, 형님, 선배님 등입니다.

누구나 듣기 싫은 잔소리를 왜 나를 사랑하는 그분들이 할까요?

그것은 어떻게 하면 나에게 도움이 될까 하는

사랑하는 마음 때문입니다.

그런데 정작 우리는 앞서 사신 부모님, 선생님,

형님, 선배님들의 경험에서 나오는 지혜를

잔소리라고 폄하하고 귀를 막고 살았습니다.

특히 어릴 때나 혈기가 왕성한 젊을 때는

잔소리가 귀에 들어오지 않습니다.

그러나 나이가 들어가고 철이 들어가면

정말 귀중한 말씀이라고 깨닫습니다.

귀가 열리는 것은 그냥 열리지 않습니다.

세상에서 부딪히고, 깨지고, 다른 사람들의 이야기가

소중히 여겨질 그때가 귀가 열리는 이순(耳順)입니다.

그래서 공자님은 60세를 이순(耳順)이라고 표현하였습니다.

나이가 들수록 즉 60세가 될 즈음에

비로소 속담이 귀에 속속 들어오는 이치입니다.

필자를 포함한 많은 사람의 대표적 후회가

그때 좀 더 (영어) 공부할 것을

좀 더 치열하게 살 것을

그때 아이들이 놀아달라 할 때 더 많이 놀아줄 것을

(시간이 지나고 보니 아이들이 놀아 달라고 보챌 때가

인생에서 가장 행복한 때인데 왜 그때는 알지 못하였는지.)

주식투자는 안 해야 했었는데

부동산에 관심을 더 가졌어야 했는데

건강을 좀 더 챙길 걸 등을 많이 후회합니다.

후회는 아무리 빨라도 늦는 경우가 많습니다.

후회는 피해갈 수만 있다면 피해가길 바라는 마음에서

나를 사랑하는 사람들이 잔소리합니다.

다시 말하면 잔소리는 내가 후회한 것을,

내가 사랑하는 사람들은 나와 똑같은 실수를 하지 말기를
바라는 마음에서 하는 것입니다.
이것을 잘 표현한 가수 서유석 님 노래가 있습니다.
곡목이 「너 늙어 봤냐, 나는 젊어 봤단다.」입니다.

너 늙어 봤냐, 나는 젊어 봤단다.
이제부터 이 순간부터 나는 새 출발이다(중략).
먼저 가신 아버님과 스승님의 말씀이 새롭게 들린다.
인생이 끝나는 것은 포기할 때 끝장이다(중략).

먼저 가신 아버님과 스승님의 말씀이 새롭게 들린다.
노래처럼 아버님과 스승님의 말씀이 새롭게 들린다면
우리의 삶에는 실패가 없을 것입니다.
그래서 지금 잔소리로 느껴지는 이야기는
사실 우리가 살아가는 삶의 보배요, 삶의 교과서입니다.
만일 우리의 삶이 다시 한 번 주어진다면
잔소리는 삶의 교과서이기 때문에 교과서대로
그대로 따라 산다면, 우리의 삶을 성공으로 이끄는 보증수표입니다.
그래서 너희는 나와 같은 실수를 하지 말라고, 제발 하지 말라고,
마음을 담아 잔소리하고 또 잔소리하는 것입니다.

많은 사람의 경험과 후회 그리고 삶의 지혜에서 나오는
잔소리들이 모이고 모여서 민족의 잔소리가 되었고
그것이 오랜 시간 발효하여 속담이 된 것입니다.

먼저 가신 아버님과 스승님의 말씀이 새롭게 들린다.
인생이 끝나는 것은 포기할 때 끝장이다.

하늘이 무너져도 솟아날 구멍이 있다.
얼마나 힘이 드느냐? 그래도 힘을 내라!
산 입에 거미줄 치랴?
사람이 굶어 죽으란 법은 없다. 힘은 들지만 그래도 힘을 내라!

절망 속에서 희망을 이야기하고, 노래하고,
희망을 품고 살아온 것이 우리의 선배님이고 조상님입니다.
우리 조상들은 수많은 전쟁과
삶의 전쟁인 수많은 가뭄과 홍수를 이겨냈습니다.
모든 어려움을 이기고,
생존하며 살아온 삶의 전쟁에서 이긴 명언이 속담입니다.
지금도 이 속담은 불경기와 불황의 어려움 속에 있는
우리에게 여전히 유효합니다.

특히 코로나로 인해 고통받는 서민들과 자영업 하는 분에게
희망의 메시지가 되기를 소망합니다.

먼저 가신 아버님과 스승님의 말씀이 새롭게 들린다.
인생이 끝나는 것은 포기할 때 끝장이다.

도박하면 패가망신한다.
지금도 많은 사람이 주식투자란 이름으로
합법적 도박을 통해 패가망신하고 있습니다.
준비와 실력이 부족한 사업과 자영업도 도박입니다.
결과는 도박과 마찬가지로
목숨 같은 돈의 손실로 나타나기 때문입니다.

땅은 배신하지 않는다.
땅에 돈을 묻어라.
이렇게 안전한 투자가 어디에 있느냐?
제발 딴짓하지 말고 돈 되는 땅에 돈을 묻어라.
절대로 땅은 배신하지 않는다.
우리 조상들의 속담을 통한 구구절절한 말씀이
나이가 드니까 이제 들립니다.

정말 잘 살고 싶다면

실패하지 않고 성공하고 싶다면

우리 조상들의 염원이 된 속담을 실천한다면

누구나 성공투자자가 될 수 있습니다.

땅은 배신하지 않습니다.

그러니 좋은 땅에 돈을 묻어야 합니다.

좋은 땅은 환금성이 보장되는 땅입니다.

환금성이 보장되는 땅은 가격이 꾸준히 오르는 땅입니다.

대표적인 곳이

도시가 확장되어 나가는 곳,

특히 향후 역세권이 되는 곳,

인구가 몰려오는 곳,

기업이 몰려오는 곳,

기타 우리 주변에서 찾아보면 참으로 많이 있습니다.

그것을 찾는 것은 노력하는 사람의 몫입니다.

17 관점의 차이가 부자를 만든다

부정적 상황에서 긍정의 신호를 찾는 능력은

부자의 유전자를 갖는 것입니다.

불편, 불평, 불안, 불만, 불결, 이런 말들을 들으면

우리는 부정적인 느낌이 들고

때에 따라서는 불쾌감을 느끼기도 합니다.

많은 사람이 느끼는 불편, 불평, 불안, 불만, 불결을

그냥 받아들이고 감수하는 사람들은

소비자적인 생각을 하는 보통 사람들입니다.

보통 사람이 받아들이고 감수하는 것들을

부자들은 어떻게 하면 문제점을 줄이거나 좋게 할 방법을 찾습니다.

즉 관점의 차이가 부자를 만듭니다.

지금도 많은 부자, 기업가, 투자자들은

많은 사람이 느끼는 불편, 불평, 불안, 불만, 불결을 통해

소비자의 욕구를 발견하고 돈을 벌 기회를 창출합니다.

불편

필자가 어릴 때

어머니와 함께 빨래를 리어카에 싣고 가서

개울에서 빨래하던 모습이 생각납니다.

특히 추운 겨울에는

고무장갑 안에 목장갑을 이중으로 끼고도 손 시린 것을

우리 어머니들은 묵묵히 감내해 내셨습니다.

그런 불편함을 개선한 것이 세탁기입니다.

누군가 어머니들의 고생을 덜어 드리기 위해

부단히 노력한 결과물입니다.

비단 세탁기뿐만 아니라 청소하는 수고와 불편을 덜어준

청소기 등 현대 가전제품과 현대 대부분 문명은

불편함을 줄이거나 해소하기 위한 결과물입니다.

불편에서 편리함으로 바꾸어 줄 수만 있다면 다 돈이 됩니다.

불평

예전에 많은 장례식장이 망자를 볼모로 유족들에게

마지막 효도를 강요하면서 엄청나게 바가지를 씌웠습니다.

수의로부터 관까지 바가지 아닌 것이 없었습니다.

해마다 뉴스의 단골메뉴가 장례식장 바가지였습니다.

이런 불평의 틈을 찾아 사업이 된 것이 상조회사입니다.

지금은 상조업체가 보편화되면서

장례식장의 서비스가 많이 올라가고 가격은 투명해졌습니다.

비단 바가지 상술은 장례식장뿐만 아니라

결혼식장도 마찬가지였습니다.

문제가 있는 곳이

바로 상조회사의 새로운 사업 먹거리가 되었습니다.

불평에서 감사를 끌어낼 수 있다면,

돈 벌기는 어려운 일이 아닙니다.

불안

사람들이 갑자기 일찍 죽으면

남은 가족들에 대한 불안이 보험으로

반대로 대책 없이 오래 사는 불안으로 연금이 생겨났습니다.

거친 바다 때문에 해상보험이,

화재에 대한 불안이 화재보험으로,

자동차운전에 대한 불안이 자동차보험으로 생겨났습니다.

지금도 모든 불안을 보험으로 해결하고자 하는 소비자의 욕구와

맞물려 실손 보험, 치아 보험 등 수많은 보험이 생기고 있습니다.

보험뿐만 아니라

각종 불안은 경호 산업과, 방범 산업을 태어나게 했습니다.
또 우리가 먹는 음식에 대한 불안 때문에 HACCP(해썹) 산업이
태어났습니다.
불안한 마음이나 상황에서 안심이라는 상품을 제공한다면
누구나 돈을 지불할 것입니다.

불만

사람들이 가지고 있는 서비스와 제품에 대한 불만을
시스템적으로 해결하고자 탄생한 사업이 ISO 인증사업입니다.
ISO 인증을 받은 업체는
받지 못한 다른 업체보다 객관적인 신뢰를 더 받습니다.
고객의 불만을 미리 예방하는 사전교육과 고객 불만 발생시
대처하는 사후교육이 고객만족경영과 맞물려
또 하나의 교육사업으로 성장하고 있습니다.
사람들이 느끼는 불만은 소비자의 불만에
귀를 기울이지 않으면 사람들이 느끼는 불만을 알 수 없으므로
많은 기업은 불만 접수에 많은 노력을 기울입니다.
불만을 만족으로 대체할 수 있다면,
누구나 주머니에서 돈을 꺼낼 것입니다.

불결

필자가 1983년 서울에서 재수할 당시

신설동 대광고등학교 부근 어느 식당에서

밥을 먹을 때의 일입니다.

밥 한 공기에서 머리카락이 무려 11개가 나왔습니다.

무척 열 받았지만, 그래도 그럴 수가 있다고 생각하며

머리카락을 골라내고 밥을 먹었습니다.

그 당시만 해도 식당의 위생관념은

지금처럼 철저하지 않았습니다.

지금은 상상도 못 하지만

밥에서 머리카락 1~2개 나오는 것은

그냥 넘어가는 경우가 대부분이었습니다.

만일 지금이라면 머리카락이 하나만 나와도 많은 사람이

그 식당의 음식을 불결하게 여기고 항의할 것입니다.

바퀴벌레, 쥐가 나온다면

그 식당은 오래 못 가서 문을 닫을 것입니다.

그만큼 위생관념이 철저하기 때문입니다.

전통적인 불결을 해소하는 사업은 청소사업이지만,

여기에 위생사업이 새롭게 태어난 것입니다.

대표적인 기업이 세스코입니다.

부정적 상황에서 긍정적 신호를 발견하면 기회가 옵니다.

부동산에서도 불편, 불평, 불안, 불만, 불결을 반전시켜
부자가 나오는 사례는 정말 많습니다.
예전에 잠실주공아파트는 좁고 노후화되었고,
연탄보일러를 사용했습니다.
이 아파트는 재건축 바람이 불기 전까지는
별로 인기가 없었습니다.
많은 사람이 낡은 잠실아파트보다는 넓고 깨끗한 강북 아파트를
사서 살거나 깨끗한 전세를 선호하였습니다.
잠실아파트로 돈을 버신 분들은 좁고, 노후화되고,
연탄보일러에서 돈을 벌 기회를 보았기 때문에
또는 어쩔 수 없이 버틴 결과로 큰돈을 벌 수 있었습니다.
대표적인 곳이 난지도 부근입니다.
부동산에서 입지 깡패란 말이 있습니다.
즉 입지를 제외하고는 다른 상황은 늘 가변적입니다.
그린벨트가 해제되기도 하고,
절대농지가 풀리기도 합니다.
다른 어떤 것들은 다 바꿀 수가 있지만,
입지만은 절대로 바꿀 수가 없습니다.

그래서 시골에 있는 대지보다는
서울 부근의 논과 밭이 비싼 경우가 많은 것입니다.
그 이유는 도시의 팽창으로 인하여 개발압력을 받으면
어느 순간 규제는 힘을 잃고 땅은 개발되면서
땅의 힘이 세지기 때문입니다.

기회는 불편, 불평, 불안, 불만, 불결 속에 숨어 있습니다.
그 분야를 잘 발굴한다면 당신은 부자가 될 수 있습니다.

18 과거라는 시간을 활용한 투자 요령

창업하는 사람들이 갖는 애로점 중 하나가

사업 아이템을 찾는 것입니다.

그래서 엑스포와 선진국 방문 등을 통해 신규 아이템을 찾습니다.

삼성그룹의 창업주 이병철 회장 역시 자주 일본을 방문하여

사업구상을 많이 하였습니다.

신규로 사업 아이템 발굴하기는 생각보다 어렵습니다.

많은 사람이 미국과 일본을 다녔지만,

그곳에서 발견한 아이템을 가지고 사업한 사람은 극소수입니다.

사업 아이템 발굴이 어렵기 때문에 아이템 발굴을 위해

선진국이나 엑스포를 한 번이 아닌 여러 번 방문합니다.

선진국에서 시작되거나 번창한 사업은

시차를 두고 다른 나라로 전파가 되었습니다.

통상적으로 성공 아이템은 시간이 지나고 보면 별것 아니지만,

처음에는 무척 생소하게 느껴지거나,

성공 가능성이 작아 보입니다.

그러나 이미 선진국에서 검증된 사업이라면

성공 확률은 비교적 높고 실패 확률은 비교적 낮습니다.

필자는 1991년 대학을 졸업하고 유원건설에 입사했습니다.

연수를 마치고 첫 발령지가 부산에 있는 건설현장이었습니다.

당시 부산 술집은 일본에서 유행한 가라오케가

점차 유행하던 시기였습니다.

가라오케 문화가 발전하여 전국으로 유행하면서

누구나 좋아하는 노래방이 되었습니다.

우리보다 선진국인 일본이

대가족에서 핵가족으로 대한민국보다 먼저 바뀌었습니다.

핵가족화된 사회에서 장례를

대가족 전통방식으로 치르는 데는 많은 불편함이 생겼습니다.

그 불편함이 상조회사가 번창하게 된 배경이 된 것입니다.

일본에서 당면한 문제점이 상조회사가 성행하게 된 배경이라면

시차를 두고 대한민국의 당면문제가 되는 것은

불 보듯이 뻔한 일이었습니다.

그래서 대한민국 상조 문화는 일본과 지리적으로 가까운 부산과

울산에서 빨리 받아들이게 된 것입니다.

지금은 상조회사를 이용하지 않고 장례예식을 치르는 사람을

보기 힘들 정도로 보편화되었습니다.

장례가 힘들고, 바가지 상술로 스트레스 받는 것에서

지금처럼 바가지 없이 편리하게 장례예식을 치르게 된 점에서

상조회사는 큰 역할을 하였습니다.

과거에는 일본의 '가라오케나 상조회사'처럼 유행한 산업과

문화가 시간 간격을 두고 우리나라로 유입되었지만,

지금은 우리나라에서 유행하는 산업과 문화가

세계로 수출되기도 합니다.

과거보다 전파되는 시간 간격이 점점 좁아져 가는 상황입니다.

필자가 아는 후배가 몇 년 전 중국 북경에서 아파트를 구매하여

큰 수익을 낸 적이 있습니다.

중국이 급속도로 발전하는 모습에서 예전의 서울 집값 폭등하는

모습을 보았기 때문에 큰 수익이 가능한 것이었습니다.

부동산 투자가 다른 투자보다 비교적 쉬운 것은

과거라는 시간이 주는 교과서가 있기 때문입니다.

과거에 성공한 모델은 지금도 성공할 가능성이

가장 많은 것이 부동산입니다.

그중에서 특히 땅입니다.

그것을 가장 잘 활용하신 분이

롯데그룹 창업주인 신격호 회장입니다.

그래서 필자는 과거에 부동산이 오른 이유를

살펴보라고 하는 것입니다.

과거에 성공한 모습을 현재에서 발견하면

그곳은 성공 투자처가 되는 것입니다.

서울에서 치열하게 살다가 동남아에서 새로 사업하는 사람들이

비교적 빨리 사업기반을 잡는 것도 안목이 생겼기 때문입니다.

그 나라의 현재 모습에서 과거 발전하는 대한민국의 모습을

발견한 교민들은 현지 사람들이 갖지 못하는 대단한 능력이고,

천운을 가진 것입니다.

다시 말하면 그 나라의 미래는

대한민국의 과거와 현재 모습에서 이미 보았기 때문에

안전한 투자가 되는 것입니다.

즉 성공투자가 가능한 이유는

과거라는 시간이 주는 투자법을 잘 활용한 덕분입니다.

19 장수 리스크와 그에 맞는 투자는?

우리 시대는 장수의 축복을 누리는 시대입니다.

여기에는 전제조건이 반드시 따릅니다.

하나는 경제력이고 다른 하나는 건강입니다.

경제력이 뒷받침되지 않는다면

오래오래 일을 해야 하기에 반드시 건강해야 합니다.

그래서 제가 만난 많은 사람들은

임대료가 잘 나오는 임대형 부동산에 관심이 많습니다.

대표적인 상품이 상가와 오피스텔입니다.

필자는 부동산에서 상가는

부동산의 로또 상품이라고 이야기를 합니다.

엄청 좋다는 이야기가 아니고,

그만큼 꽝이 많다는 이야기입니다.

로또는 통상 소액으로 구매하는 것이지,

수익을 투자하는 상품이 아니기 때문입니다.

상가는 먼저 상권분석이 이루어져야 합니다.

상권분석 이전에는 상권형성이 되어야 합니다.

서민들은 소박한 월세 때문에 상가분양을 많이 선호합니다.

하지만 상권형성은 적어도 5년~10년이 걸립니다.

그때까지 서민들은 버티기가 힘듭니다.

특히 은행 대출과 연계하여 분양을 받았다면

임대료는 고사하고 은행 대출이자에다가 관리비까지 부담하는

최악의 상황에 부딪힐 확률이 높습니다.

운이 좋아서 임대하였다 하여도

처음 기대수익률의 절반밖에 받지 못할 것입니다.

왜냐하면, 대량 임대매물이 나오기 때문입니다.

임대차 계약이 1~2회 회전하여야

비로소 정상 임대료를 받을 수가 있습니다.

오피스텔은 상가보다는 비교적 안정적이지만,

주변에 계속 새 오피스텔이 공급된다면

노후 연금자산으로 불안하기는 마찬가지입니다.

상가와 오피스텔은 땅 지분이 적기 때문에

건물 노후에 따른 감가상각에 그대로 노출되어 있어

제 가격을 받기 힘들 수도 있기 때문입니다.

상가나 오피스텔보다는 역세권 소형아파트나

원룸이 오히려 경쟁력이 있는 노후 연금자산이 될 수 있습니다.

그 이유는 1인 가족이 늘어나기 때문입니다.

주식시장에서는 장수 리스크의 대표 수혜주는 제약주입니다.

특히 제약주는 다른 업종보다도 배당성향이 좋습니다.

저금리시대에 안정적인 투자 대안이 될 수 있습니다.

대표적으로 유한양행의 배당성향을 보면

저금리 시대에 배당 매력을 많이 느낄 것입니다.

IMF가 준 교훈과 코로나가 준 교훈

지금은 생존하는 전략이 최고의 투자전략입니다.

IMF는 우리에게 많은 교훈을 남겼습니다.

업종 1류 우량 기업들은 대박,

2류 기업은 중박(생존),

3류 기업은 쪽박(도태)으로 나타났습니다.

업종 1류 기업들은 승승장구했고,

업종 2류 기업은 생존했고,

업종 3류 기업은 도태됐습니다.

도태된 3류 기업의 몫은 고스란히 1류 기업이 가져갔습니다.

그 결과 업종 1류 우량 기업들은 많은 수익을 남겼고

주가는 대폭등하였습니다.

이 상황을 개그맨 박성광 씨 유행어로 표현하면

"1등만 기억하는 더러운 세상"입니다.

대마불사의 신화가 사라졌습니다.

대표적인 사건이 대우그룹 해체 사건입니다.

IMF 이전에는 은행 돈을 많이 차입하여 규모를 키울수록

기업의 성장은 빨라지고

수명은 연장되었습니다.

IMF를 계기로 대출을 통해 규모를 키운 기업에는

독약이 되어 많은 기업이 무너졌고,

그 여파로 은행들 역시 연쇄적으로 무너졌습니다.

기업들은 과거처럼 그룹의 보호라는

울타리에서 벗어나

각자 생존을 시도했고,

금융기관은 개별 기업에 대해 심사를 하게 되었습니다.

대표적인 계기가 삼성그룹이 삼성자동차의 부실 꼬리를

자른 사건입니다.

은행을 비롯한 금융기관은 삼성그룹이라는 간판을 믿고,

삼성자동차에 담보보다 많은 대출을 실행하였는데

삼성그룹의 조치에 금융기관들은 많은 배신감을 느꼈습니다.

배신감을 느낀 은행을 비롯한 금융권은

삼성그룹과 오랜 시간 줄다리기 끝에

이건희 회장의 사재 담보 제공으로 마무리했습니다.
은행을 비롯한 금융기관도 이 사건을 계기로
그룹 간판만 보고 대출을 실행하는 것은 금지했고,
그룹이 아닌 개별 기업의 신용도를 검토하는 것으로
진일보한 대출을 실행하게 되었습니다.

기업은 생존을 위하여
정년보장 대신 급여삭감과 해고를 단행했습니다.
IMF는 기업이 과거처럼
직원들의 정년보장을 포기하게 했습니다.
이를 계기로 많은 사람들은 경제와 금융에
이전보다 적극적으로 관심을 두고 공부하게 되었고,
더는 회사에만 내 노후를 맡길 수 없는 계기가 되었습니다.

코로나 19가 준 교훈도 많지만,
IMF와 가장 큰 차이는 이것입니다.
IMF는 업계 1등 기업들은 엄청 수익을 남겼지만,
지금은 업계 1등도 생존의 위험에서 피하지 못하는 상황입니다.
지금은 과거처럼 업계 1등이 생존하는 것이 아니라,
생존하는 기업만이 1등이 될 기회를 가질 수 있습니다.

항공업계 1위인 대한항공, 여행업계 1위인 하나투어
모두 힘들어 하고 있습니다.

규모가 클수록 비용도 크기 때문에
당분간은 고전을 면치 못할 것으로 보입니다.

생존을 위한 대안으로 자산매각과 무급휴직 등
여러 가지 시도를 하고 있지만,
코로나 사태는 생각보다 오래갈 전망입니다.

코로나 여파는 기업은 기업대로 생존을 위해 고군분투 중이고
직원들 역시 마찬가지입니다.

특히 부채가 많은 기업이나 개인은
생존을 위해 많은 결단을 하고 있습니다.

생존을 위한 긴축의 여파는
많은 자영업에 고스란히 영향을 미치고 있습니다.

가장 땅값이 비싼 명동 상가도 임대라고 써붙인 가게가
많을 정도로 불황의 여파를 피해가지 못하는 것이 현실입니다.

특히 명동처럼 유동 인구가 많아 상권이 활성화된 동네는
비싼 임대료로 인하여 그 타격이 더 큽니다.

그만큼 생존하기가 힘든 상황입니다.

지금은 기업과 개인 모두가 생존하는 전략이
최고의 투자전략입니다.

즉 생존해야 다음을 기약할 수가 있습니다.

소비가 미덕이라는 미국은 주택 구입도 모기지,

자동차 구입도 할부, 대학 학자금도 대출, 카드로 매월 생활하는

많은 서민과 중산층의 모습은 우리에게 많은 시사점을 줍니다.

현재의 소득이 아닌 미래의 소득을 앞당겨 사용하는 행동은

현재의 소득이 끊어지는 순간

삶의 질은 곧바로 추락한다는 사실입니다.

그것이 코로나 19가 보여준 미국의 서민과 중산층의

충격적 모습입니다.

부동산에서는 재택근무 등으로 유동 인구보다

상주 인구가 중요해지기 시작하였습니다.

㉑ 폭군의 바다에는 생존이 우선이다

쉬는 것도 좋은 투자입니다.

사람들은 푸른 바다를 보면 해방감과 아름다운 바다에

몸을 맡기고 싶은 충동을 느낍니다.

그래서 많은 사람이 스트레스를 받으면

바다로 가서 힐링을 즐깁니다.

직접 바다를 보지 않고 영화를 통해 바다를 보기만 하여도

사람들은 나도 저 바다에 가고 싶은 마음이 저절로 생깁니다.

여행을 가고 싶은 마음에, 저축하며, 삶의 동력을 얻기도 합니다.

어부들은 잔잔한 바다에서 온갖 생선을 잡아 생계를 유지하고,

아름다운 바다에서 많은 전복 등 수산물을 양식하며,

바다가 주는 풍요로운 선물을 얻습니다.

어부들의 수고 덕분에 우리는 바다가 주는 선물을

먹고 마시며 즐깁니다.

아름다운 바다 위를 다니는 크고 작은 유람선과

크루즈 여행을 통하여 삶의 행복을 누리기도 합니다.

잔잔한 바다는 인류의 삶에 커다란 선물이고,

생명줄 역할을 오랜 시간 감당하였습니다.

바다를 이용한 무역을 통해

인류의 삶을 더욱 풍요롭게 만들었습니다.

이처럼 잔잔하고 아름다운 바다

인류에게 도움을 준 바다의 모습이 바다의 참모습일까요?

바다가 잔잔할 때는

생선도 잡고, 관광도 하며 공격적으로 돈을 벌 시간입니다.

이 시간을 놓친다면 돈 벌 기회를 놓치는 것이기 때문에

바다를 업으로 하는 사람들의 삶은 치열합니다.

그렇게 고맙고 잔잔한 바다도

가끔은 폭군이 되어 사람들의 목숨을 위태롭게 합니다.

옛날에는 일기예보가 없어서 속수무책으로 당하여

바닷가에는 남자가 귀했지만, 지금은 일기예보 덕분에

많은 사람이 비교적 안전하게, 바다가 주는 선물을 만끽합니다.

지금도 아름답고 풍요로운 바다를 직업으로 하는 분들은,

가장 중요한 일정 중 하나가 바다 날씨를 확인하는 것입니다.

거기에다가 통신장비와 구명조끼 등 생명을 위한 필수조치를

철저히 하는 것은 잔잔한 바다가

언제든지 폭군이 될 가능성을 늘 가지고 있기 때문입니다.

그렇게 잔잔한 바다가

높은 파도와 태풍에 의해 폭군으로 돌변하면

사람들의 목숨과 배를 비롯한 많은 재물을 위태롭게 합니다.

이때는 바다를 항해 하는 것은 위험하며,

안전한 항구에서 대피하여,

바다가 잠잠해질 때까지 쉬면서

기다리는 것 말고는 할 만한 일이 거의 없습니다.

폭군의 바다일 때 돈을 벌고 싶은 욕심에 바다로 나가는 것은

돈을 버는 것은 고사하고,

사람의 목숨과 재물을 잃어버리는 결과를 낳습니다.

그때에는 안전한 집에서 쉬면서 다음을 기다리는 것이

목숨과 재산을 지키는 길입니다.

이처럼 폭군일 때의 바다가 바다의 참모습일까요?

폭군의 바다가 참모습이라면

바다가 주는 선물을 단 하나도 얻지 못했기 때문에

인류의 삶은 지금처럼 풍요롭지 못했습니다.

잔잔하고 풍요로운 바다를 보면서 늘 폭군의 바다를 염두에 두었고

폭군의 바다일 때 잔잔하고 풍요로운 바다를 준비하였기 때문에

바다는 인류의 삶에 선물이 된 것입니다.

사실 우리의 삶도 바다와 같습니다.

잔잔한 바다를 만나 풍요로운 시기가 있었고,

폭군의 바다를 만나 위태로운 순간도 있습니다.

지금이 바로 폭군의 바다를 만난 시기입니다.

폭군의 바다인 이때 돈을 벌고 싶은 마음에

투자를 시작하는 것은 몇몇 업종을 빼고는 정말 위험합니다.

항공업계, 여행업계부터 시작하여

연쇄적으로 폭군의 바다를 만나 고전하고 있습니다.

그 여파가 사방으로 번지고 있습니다.

문제는 폭군의 바다가 끝물이 아니라

아직도 진행 중이라는 것입니다.

그래서 지금은 생존이 무엇보다 중요한 시점입니다.

생존하면 다음 기회를 노릴 수가 있지만,

생존하지 못하면 다음 기회가 주어지지 않습니다.

필자와 같은 많은 중산층이 2008년 금융위기에

잘 대응하지 못하여 무너졌습니다.

또 많은 분이 1997년 IMF와 2008년 금융위기의 여파 때문에

지금도 힘든 시기를 보내고 있습니다.

희망을 놓치면 절대로 안 되지만

'나만 열심히 노력하면 된다.'는 희망은

오히려 위험할 수도 있습니다.

투자를 생각한다면 이제 폭군의 바다가 진행 중이라는 것을

염두에 두기를 바랍니다.

폭군의 바다가 일찍 잔잔해지면 천만다행이지만,

조금 늦게 잔잔해진다 하여도

생존할 확률을 높일 방법을 찾아야 합니다.

평온한 바다인 청춘의 바다, 직장의 바다, 호황의 바다일 때

잘 준비해야 폭군의 바다, 노년의 바다, 퇴직의 바다,

불황의 바다를 잘 건널 수가 있는 것입니다.

특히 폭군의 바다일 때 쉬는 것은 좋은 투자가 될 수가 있습니다.

조급하면 모두를 잃을 수가 있습니다.

22 낭중지추(囊中之錐)는 어떻게 만들어지는가?

왜 난세에 영웅이 만들어지는가?

우리는 뛰어난 인물을 낭중지추라는 표현을 씁니다.

낭중지추란 주머니를 뚫고 나오는 송곳을 말하는 것으로

능력과 재능이 있는 사람은 주머니를 뚫고 나오는 송곳처럼

언젠가는 반드시 빛을 본다는 은유적 표현입니다.

그럼 낭중지추는 어떻게 만들어질까요?

쇳조각이 주머니 속에 있다고 해서

저절로 송곳이 되지는 않습니다.

쇳조각이 사람들에 의해 단련되고, 힘든 상황에 의해

특히 난세에 담금질이 가속화되어야

비로소 송곳의 형태를 갖추기 시작합니다.

언제 낭중지추가 만들어질까요?

낭중지추는 실력이 있으면서도 참고 인내하면서 때를 기다려야

비로소 낭중지추가 만들어집니다.

얼마나 참고 인내하고 기다려야 할까요?

한신 대장군의 사례로

한신이 동네 무뢰배 가랑이 밑으로 기어서 간 일이 있습니다.

한신이 낭중지추가 되기 전이었기 때문에 참았습니다.

그래서 고하지욕(袴下之辱)이란 고사가 생겼습니다.

이런 수모를 참고 때를 기다렸기 때문에

한신 대장군이라는 사람이 만들어진 것입니다.

문제는 '언젠가?'에 있습니다.

'언젠가?'란 어떤 때를 말하는 것인가?

준비되면 주머니 속 송곳이 옷을 뚫고 나오듯이

사람이 실력을 갖추면 그것을 알아보는 사람이 반드시 나옵니다.

한신이라는 인물을 알아본 사람이

승상 소하와 장량(장자방)이란 인물입니다.

난세에 영웅이 태어나는 사례는 이순신 장군 등 무수히 많습니다.

임진왜란 1년 전인 1591년 정읍 현감인 이순신 장군은

무려 7단계나 특진으로 정3품 전라 좌수사로 임명되었습니다.

그를 발탁한 인물이 명재상인 서애 류성룡입니다.

사회가 안정화되면 큰 인물이 적게 나오는 것은

사회의 필요성이 그만큼 적기 때문입니다.

그러나 난세를 만나면 태조 왕건, 태조 이성계처럼

누군가의 도움을 받아

또는 스스로 영웅이 만들어지기도 하고,

또 누군가의 천거로 새로운 인물 발탁으로

난세의 영웅이 되었습니다.

그래서 "난세에 영웅이 태어난다."는 말을 합니다.

다른 한편으로 사람들은 이 어려운 난세를 평정할

새로운 영웅이 나타나기를 간절한 마음으로 기다립니다.

전쟁으로 폐허가 된 대한민국은

정주영 현대그룹 회장, 이병철 삼성그룹 회장, 박정희 대통령 등

수많은 영웅이 태어났습니다.

아니 만들어졌습니다.

박정희 대통령이 발탁한 박태준 포스코 회장과

박 대통령을 보좌한 장관들과 공무원 등 무수한 인물들이

대한민국의 보릿고개를 이긴 영웅이 되었습니다.

지금은 코로나 19로 인한 난세입니다.

난세에 수많은 영웅이 만들어지고

또 사람들은 영웅이 나타나기를 기다립니다.

그만큼 사람들의 살림살이가 빡빡하기 때문입니다.

사람들은 빨리 이 난세가 지나가기를 절박하게 기다립니다.

그런 사람들의 기대에 부응하여 난세를 평정하는 인물이

바로 난세의 영웅이 되는 것입니다.

지금은 모든 기업도, 자영업자도

예전보다 더 많은 노력과 고민을 합니다.

어떻게 하면 살아남을까?

얼마나 참고 인내하고 버텨야 하는가?

이런 고민의 결과물로 나타날 것입니다.

이 난세에 포기하지 않고, 더 버티고, 참고, 인내하고, 고민하고,

노력하여 살아남는 사람이 사실 작은 영웅입니다.

작은 영웅들이 많이 태어나야 큰 영웅도 많이 태어납니다.

지금 우리가 겪고 있는 시련은

우리 모두 더 참고, 버티고, 인내하고, 노력하여

낭중지추가 되는 담금질의 기회로 만들어,

우리 모두 낭중지추가 되어

난세의 영웅으로 우뚝 서기를 간절히 소망합니다.

우리 조상들은 반만년 동안 수많은 난세를 겪고 이겨냈습니다.

그래서 대한민국이 존재한 것이고,

우리가 존재한 것입니다.

이제는 우리가 더 노력하고, 더 버텨서 난세를 이겨야 합니다.

난세를 이기는 과정에서 후배와 자녀들에게

영웅의 모습으로 기억될 것입니다.

제2부

주식 투자 바이블

23 홀짝 게임 이야기

세상에서 가장 공정한 게임이 홀짝 게임이라고 합니다.

확률이 50%, 50% 공정하기 때문입니다.

누구도 여기에 반박할 수 없습니다.

하지만 이론적으로 완벽한 홀짝 게임도, 현실의 세계로 들어오면
너무나 불공정하고, 불평등한 게임으로 변합니다.

갑과 을이 홀짝 게임을 시작해 보겠습니다.

갑은 100, 을은 1을 가지고 시작한다는 가정 아래 홀짝 게임을 하면

갑	을	갑이 이길 확률	을이 이길 확률	비고
1	1	1/2	1/2	자본이 동일
2	2	1/2	1/4	자본의 차이
4	4	1/2	1/8	자본의 차이
8	8	1/2	1/16	자본의 차이
16	16	1/2	1/32	자본의 차이
32	32	1/2	1/64	자본의 차이
64	64	1/2	1/128	자본의 차이
128	128	1/2	1/256	정보의 차이
256	256	1/2	1/512	제도의 차이

자본의 차이로 인한 불평등

갑은 을이 가진 만큼 홀짝 게임에 베팅합니다.

갑이 이길 확률과 질 확률은 언제나 50%인 1/2입니다.

갑은 6번 중에 한 번만 이기면

을이 가진 모든 것을 0으로 만들 수 있습니다.

6번을 다 질 경우에도 37이 남아 있어 종잣돈이 되지만,

을의 경우에는 다릅니다.

을이 처음 이길 확률은 50%인 1/2이지만,

연속적으로 이길 확률은 1/2의 1/2인 1/4입니다.

그다음은 1/8, 그다음은 1/16, 그다음은 1/32, 그다음은 1/64,

그다음은 1/128 기하급수적으로 낮아집니다.

을은 단 한 번만 지면, 을이 가진 모든 것이 털리는 것이고,

갑은 여러 번의 기회 중에 단 한 번만 이기면 되는 게임입니다.

사실 이와 유사한 현장이 바로 주식시장입니다.

정보의 차이로 인한 불평등

개인이 가지고 있는 정보의 정확성과 속도는 도저히 기관이나

외국인이 가지고 있는 것의 절반에도 이르지 못합니다.

그래서 개인이 이길 확률은

자금력과 정보력을 합산하면 1/256밖에는 안됩니다.

제도의 차이로 인한 불평등

기관이나 외국인은 공매도를 활용하여

주가가 내릴 때도 수익을 낼 수가 있습니다만,

개인들은, 개미들은 주가가 올라야만 수익을 낼 수가 있습니다.

사실 기관이나 외국인은 이 공매도를 활용하여,

매물 벽을 쌓아 놓고 주가하락을 유도하여

그 차익을 고스란히 챙겨갑니다.

이렇게 주식시장에서 자금력과 정보력과

제도적인 면을 합산하면 개인이 이길 확률은 1/512밖에는 안됩니다.

그래서 필자는 대한민국에서 주식투자는

도박에 가깝다고 이야기하는 것입니다.

이론적으로는 완벽하게 공평하다고 알려진 홀짝 게임도

현실에서는 불공정하고, 불평등한 게임으로 변질되는 것처럼

주식시장은 절대적으로 기관이나 외국인들에겐 유리한 시장이지만,

개인이나 개미에겐 불리한 시장이라는 것입니다.

다시 이야기하면 개인들과 개미들은 칼이라는 무기밖에 없지만,

기관이나 외국인들은 칼과 총, 대포, 비행기, 항공모함까지

가지고 싸우는 전쟁터가 주식시장이라는 것입니다.

주변에서 주식시장에서 돈을 번 사람이 없는 것은 아니지만,

돈을 번 사람은 아주 극소수일 수밖에 없는 것입니다.

서민들이 주식투자에서 돈을 벌지 못하는 이유는

실력이 부족한 것도 원인이지만,

근본적으로는 자금력, 정보력, 제도적 불평등에 의한 차이가

개인들이 가지고 있는 노력과 실력보다 월등하기 때문입니다.

그래서 저는 개미들의 주식투자를 주식도박이라며

반대하는 것입니다.

그래도 만일 주식투자를 하고 싶다면 시간을 가지고,

저격수처럼 월등한 실력을 갖춘 후에 투자를 시작하여야 합니다.

㉔ 자본주의의 꽃은 주식시장이 맞을까요?

자본주의의 꽃은 주식시장이라고 합니다.

많은 사람이 공감하는 이야기입니다.

그래서 나도 주식투자를 해야 하는 것이 아닌가 하는 착각을

불러일으킵니다.

왜냐하면, 나도 자본주의에서 살고 있고,

또 주식투자를 하지 않으면

자본주의 사람이 아닌 것처럼 느껴지거나,

자본주의에 대한 무지한 사람으로

인식하기에 맞는 용어이기 때문입니다.

하지만 여기에는 두 가지 전제조건이 있습니다.

투명성입니다.

기업의 재무제표, 손익계산서 등을 비롯한 모든 자료는

투명하게 기록되어야 하고, 또 공개되어야 합니다.

자본주의의 종주국 미국에서도 2001년 파산한 엔론 사태에서

보듯이 사람이 마음먹고 분식회계를 자행한다면

막을 수가 없습니다.

사람이 가지고 있는 탐욕은 끝이 없기 때문입니다.

그래서 그 자본이 가지고 있는 욕망을 제어하는 것이

법과 제도입니다.

미국처럼 엄격한 법과 제도가 있는 나라에서도

제2의 엔론 사태는 언제든지 발생할 수밖에 없는 것은

사람이 가진 자본에 대한 탐욕 때문입니다.

대한민국에서는 미국보다 엄격한 법과 제도가

운용되고 있지 않습니다.

그래서 참으로 많은 작전이

주식시장에서는 난무하고 있는 것입니다.

대표적인 주가조작 사태가

2010년 11월 11일, 장 마감 동시호가 시간에 벌인

도이치 증권의 주가조작 사건이 있습니다.

개인들은 속수무책으로 당할 수밖에 없습니다.

공정성입니다.

주식시장에서 돈을 벌 기회는 공정하게 제공되어야 합니다.

주가가 오르면 같이 벌고,

주가가 내리면 같이 손해를 보는 구조가 되어야 합니다.

아니면 기관이나 외국인처럼

개인도 공매도할 기회를 제공해야 공정한 게임입니다.

개인에게는 제공되지 않는 공매도를

기관이나 외국인에게 허용하는 것은 자본력에서,

정보력에서 힘이 센 놈에게 스텔스 폭격기 같은

또 하나의 무기를 제공하는 것과 같습니다.

주식시장에서 개인들이 돈을 잃는 것은 개미들의 능력도 있지만,

사실은 정부의 묵인이 더 큰 원인일 가능성이 큽니다.

조금 심한 다른 말로 이야기하면

기관과 외국인은 대한민국 서민들을 상대로

돈을 강탈할 기회를 제공받는 것이고,

개인들은 기관과 외국인들에게

돈을 강탈당하는 것과 다름이 없습니다.

정부와 당국이 힘센 놈들에게 개미들이 강탈당하는 것을

묵인하거나, 수수방관 구경하는 것은

사실 방조죄라는 범죄행위가 아닐까요?

25 포트폴리오의 함정

투자를 하는 서민들은

계란을 한 바구니에 담지 말라는 주식 속담을 알고

분산투자 즉 포트폴리오를 잘 실천하고 있습니다.

그런데 말입니다. 분산투자를 하여서 투자에 성공하였습니까?

오히려 신경이 분산되어서 수익률도 떨어지고,

손해는 입지 않으셨는지요?

또 분산투자를 하면서 이익이 발생한 종목은

이익을 잘라먹고(익절),

손해가 발생한 종목은 손절 못하고 방치하고 있지는 않습니까?

어떻게 잘 아시냐고요?

필자도 주식투자라는 명목으로 주식도박을 오래 하여

개미들이 하는 오류를 다 범해 보았습니다.

주식투자는 집중해야 합니다.

투자하는 주식 종목을 압축하여

성장성과 함께 오너 리스크와 쪽수 리스크까지 함께 체크 한

다음에 주식을 모아가는 주식 저축을 한다면,

지금 손실이 발생하는 개미들이 하는 분산투자 방식보다는

훨씬 성공투자 확률이 높습니다.

그런데도 주식 격언에 분산투자를 강조하는 것은

힘센 놈들의 함정입니다.

주식투자를 집중투자로 해야 한다면

개미들은 주식투자를 쉽게 못 합니다.

아니 시작할 엄두도 내지 못합니다.

왜냐하면, 집중투자를 한다는 것은

주식투자를 배워서 오랜 시간과 실력을 갖춘 연후에 하기에

주식시장에 쉽게 입문하지 못하는 걸림돌이 됩니다.

반대로 이야기하면 증권회사의 수익원인

수수료가 사라진다는 것입니다.

그래서 주식시장에 쉽게 입문하게 만드는 이론, 믿음, 환상이

필요합니다.

그것이 바로 분산이론 즉 포트폴리오 이론입니다.

힘센 놈의 이론인 "분산투자를 하면 안전하다."라는

막연한 기대심을 심어주는 것은 사기이고 환상입니다.

개미들이 돈을 잃은 것을 분산투자를 지키지 않았기 때문이라고,

시스템이 문제가 아닌 개미 본인들의 문제라고

말할 핑계가 필요한 것과 같습니다.

또 하나의 중요한 이유는 개인들이, 개미들이

돈을 잃어 줘야 하기 때문입니다.

그래야 기관이나, 외국인처럼 힘센 놈이 돈을 벌 수가 있습니다.

사람들을 부자로 만들어준 아파트 투자는 어떻게 합니까?

돈은 비록 부족하지만, 분양을 받아서 돈을 벌지 않았습니까?

돈을 모두 준비하고 분양을 받았습니까?

그런 분들도 있습니다만 대다수는 자기 돈 모두 투자하고

그래도 부족한 돈은 대출받아서 분양을 받지 않았습니까?

기존 아파트도 동일 방법으로 구매하지 않았습니까?

우리를, 서민을 부자로 만들어준 투자방법,

이것이 분산투자입니까?

아니면 집중투자입니까?

모두가 안전하다는 삼성전자 주식에

전 재산을 투자할 수 있습니까?

당연히 두려워서 못하지요?

그렇게 되면 서민들은, 개미들은

주식투자 시장에 입문을 못 하게 되는 것입니다.

그때 개미들의 두려움을 무장해제 시킬 무기가 필요합니다.

"야~ 분산투자하면 안전해!"

"계란을 한 바구니에 담지 않으면 돼!"라고

힘센 놈들이 개미들에게 꼬시는 이론이

포트폴리오 투자, 분산투자 이론입니다.

잊지 마세요.

분산투자는 힘센 놈에게 맞는 이론입니다.

여기저기 분산투자를 해도 돈이 남아도는 부자들은

분산투자가 맞습니다만,

돈이 부족한 서민들은 안전한 곳에,

확실한 곳에 집중투자해야 돈을 벌 수가 있는 것입니다.

그 차이를 잊으면 절대로 안 됩니다.

26 엉터리 투자의 3요소

우리는 투자의 3요소를 잘 알고 있습니다.

안전성, 환금성, 수익성 누구나 알고 있는 이론입니다.

우리는 흔히 "안전성의 대표 상품은 부동산,

환금성의 대표 상품은 예금,

수익성의 대표 상품은 주식"이라고 배워서 알았고,

또 믿고 있습니다.

그런데 말입니다. 이 말이 사실일까요?

안전성의 대표 상품은 부동산, 환금성의 대표 상품은 예금

여기까지는 별문제가 없습니다.

하지만 "수익성의 대표 상품은 주식이다."라는 정의는

많은 문제점을 내포하고 있습니다.

기관이나 외국인에게는 수익성의 대표 상품이 주식이 맞습니다.

하지만 개인에게는 수익성의 대표 상품이 아니라,

원금을 잃을 가능성이 큰 위험성의 대표 상품입니다.

그런데도 투자의 3요소 중 수익성의 대표 상품이 주식이라는 것은

힘센 놈들이 돈을 벌기 위해

개미들이 주식시장에서 돈을 잃게 만드는

개미들을 속이기 위한

사기이론이 투자의 3요소입니다.

그래서 수익성의 대표 상품은 주식이라고 가르치고,

믿게 해야 서민들과 가난한 사람들은

나도 주식투자로 부자가 될 수 있다는 환상에 빠지게 하는 것이고,

힘센 놈들은 서민들과 가난한 사람들을

대상으로 돈을 벌 수가 있는 것입니다.

그래서 만일 투자를 한다면 환상이 아닌

현실적으로 투자상품 안전성이 몇 %인지, 환금성이 몇 %인지,

수익성이 몇 %인지를 꼼꼼하게 살펴보아야 합니다.

그래서 필자는 확률이 빠진 투자의 3요소를

엉터리 투자의 3요소라고 이야기 하는 것입니다.

여기에 반드시 확률이 포함되어야 완벽한 투자의 4요소가 됩니다.

앞으로 투자의 교과서에는 엉터리 투자의 3요소 대신

투자의 4요소인 안전성, 환금성, 수익성, 확률성이

기재되는 날이 오기를 소망합니다.

27 벤다이어그램으로 본 투자의 4요소

우리가 배운 것처럼 투자의 3요소가

동일한 투자 상품은 없습니다.

투자자들은 투자 대상의 확률을 감안하여 그려본다면

투자의 성공을 높이고, 실패를 줄일 수 있습니다.

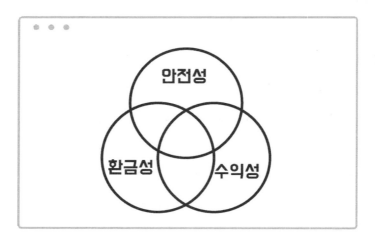

우리가 배운 투자의 3요소

아래는 필자가 그려본 투자의 4요소입니다. (예시)

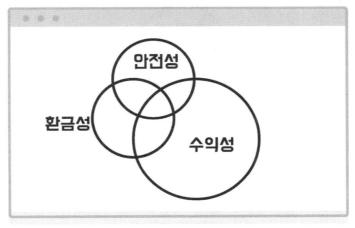

오르는 땅

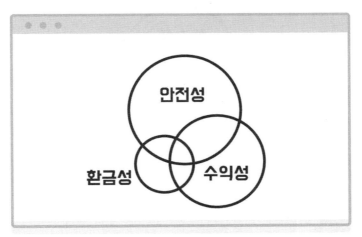

오르지 않는 땅

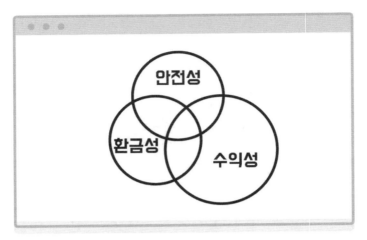

오르는 아파트

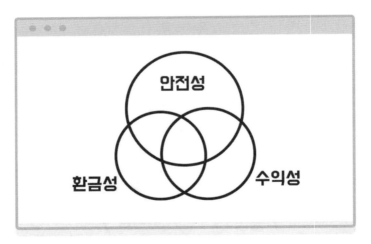

오르지 않는 아파트

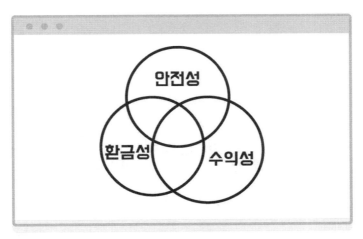

오르는 상가

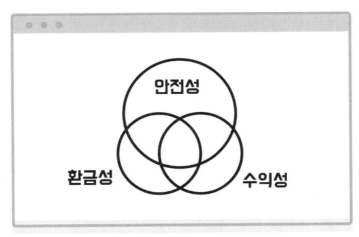

오르지 않는 상가

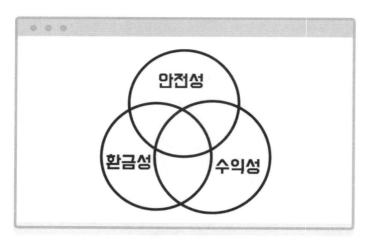

오르는 오피스텔

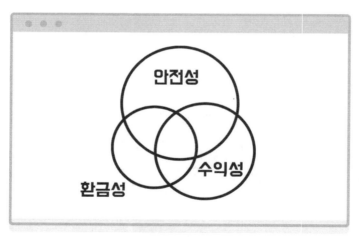

오르지 않는 오피스텔

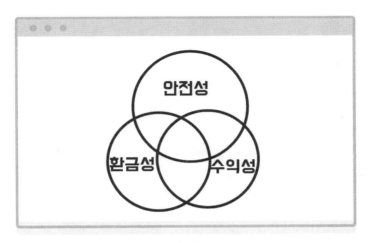

현금

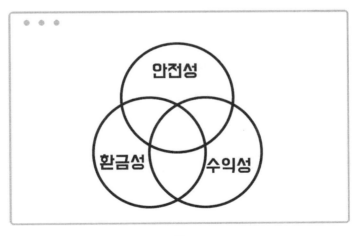

금

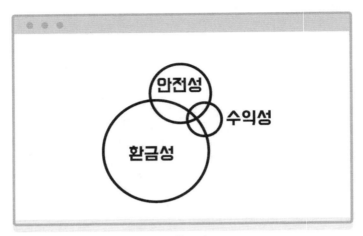

주식(개인)

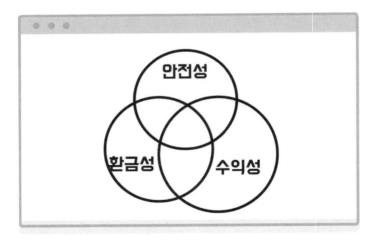

주식(기관과 외국인)

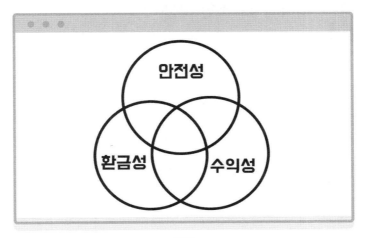

달러

28 투자의 4요소인 확률

우리는 확률을 연상하는 단어 중 하나가 로또에 당첨될 확률,

월드컵에서 우승국을 맞추는 도박사의 확률을 종종 듣습니다.

우리는 확률 때문에 당첨 되기만 하면 큰돈을 벌어주는

로또라는 상품에 큰돈을 베팅하지 못하는 것입니다.

확률은 수학적으로 검증 가능한 과학입니다.

보험회사는 보험 계리사가 사고가 발생할 확률을 반영하여

상품을 만들고 있습니다.

우리가 누리는 현대 문명에서 확률을 제외한다면

현대 문명의 많은 부분을 포기해야 할 정도로

확률은 우리의 삶 깊은 곳까지 자리 잡고 있습니다.

주식시장에서도 마찬가지입니다.

주식투자에서의 가장 객관적인 확률 덩어리가 바로 차트입니다.

차트는 과거의 실적과 미래의 전망에 대한 투자자들의 심리가

반영된 확률이기 때문에

많은 투자자가 차트를 보고 투자하며 수익을 추구합니다.

차트는 대중들의 심리, 힘의 강약, 추세 등 수치로 표현되는

모든 것이 나타나 있어서 이것을 무시하고 투자한다면

손해 보기를 작정하고 투자를 하는 어리석은 행동입니다.

주식투자에서 투자수익의 확률을 높이는 방법은

힘센 놈에 투자하는 것입니다.

주식시장에서 투자의 성공 확률이 높은 힘센 놈은

대한민국에서 가장 힘센 놈인 삼성전자

가장 힘이 좋은 52주 신고가 종목

(2020년 12월 현재 삼성전자 52주 신고가이면서 가장 힘센 놈)

추세선을 돌파한 종목

(2020년 11월 현재 HMM 52주 신고가이면서 추세선 돌파)

차트에 양봉이 월등히 많은 종목

갑자기 거래량이 터지는 양봉 등

찾아보면 힘센 놈을 많이 찾을 수가 있습니다.

주식시장에서도 힘센 놈을 발굴하고, 투자한다면

투자의 실패 확률은 낮추고, 성공 확률은 높일 수가 있습니다.

물론 차트가 절대적인 것은 아니지만,

차트가 대체로 맞는 것은 확률의 결정체이기 때문입니다.

다만 거래량이 적은 종목은

힘센 놈들이 차트를 왜곡할 수 있기 때문에 조심해야 합니다.

29 서민들이 주식투자에서 반복적으로 손실을 보게 되는 이유는 무엇일까요?

주식투자로 돈을 번 사람보다도 돈을 잃은 사람이 훨씬 많습니다.

그런데도 왜 많은 사람이 주식투자를 할까요?

주식투자를 통해 손실을 보면

더이상 주식투자를 안 하는 것이 순리임에도 불구하고

왜 반복적으로 손실 보는 주식투자를 할까요?

무엇이 서민들을 주식투자의 세계로 물귀신처럼 끌고 갈까요?

필자는 늘 궁금하였습니다.

왜냐하면, 주식투자란 명목으로 주식 도박한

필자의 사례이기도 하기 때문입니다.

여기에는 힘센 놈이 짜놓은 고도의 전략이 숨어 있습니다.

힘센 놈들이 주로 펼치는 고도의 전략을 소개합니다.

매일 접하는 증권뉴스와 정보

매일 접하는 증권뉴스와 각종 정보는

주식시장에 알게 모르게 관심을 두게 하고,

어느 순간 나도 모르게 주식시장에 대한 거부감을

무장 해제시킵니다.

누군가가 주식투자로 돈을 벌었다는 소식은

우리를 주식시장으로 이끄는 저항할 수 없는

강력한 유혹으로 다가옵니다.

자본주의의 꽃은 주식시장이다

누구도 부정 못 하는 사실입니다.

자본주의 꽃인 주식투자를 하지 않으면

왜 그런지, 자본주의가 주는 혜택을

누리지 못하는 것 같은 느낌을 주게 하는 것입니다.

즉 주식투자를 하지 않으면,

부자 되기는 힘들다는 환상을 주는 것이지요?

분산투자(포트폴리오) 이론이 주는 피해이다

모든 기업은 언젠가는 망한다는 사실은 매우 중요합니다.

언젠가는 망하는 회사의 파생상품이 바로 주식입니다.

그래서 주식투자는 본질이 위험한 투자입니다.

본질이 위험하기 때문에 분산투자 포트폴리오 이론이 나왔습니다.

누구나 다 아는 주식 격언이

"계란을 한 바구니에 담지 마라."는 이야기입니다.

그런데 말입니다.

정말 분산투자를 하니까 위험은 낮추고, 수익은 높아지던가요?

그것보다는 주식시장에 준비 없이,

겁 없이 뛰어들게 하는 데 악용되고 있지는 않나요?

그리고는 원래 주식투자는 수업료를 내면서 배우는 것이라고

여러분에게 세뇌하는 역할을 하지 않던가요?

사실 분산투자는 부자들의 논리입니다.

왜냐하면, 부자는 이곳저곳 다양하게 분산 투자하여도

투자자금이 되지만, 서민들은 한군데 집중투자하여도 투자자금이

부족합니다.

투자자금이 부족한 서민들은

이 차이를 반드시 기억해야 합니다.

주식상품은 수익성의 대표 상품이라고 세뇌당했습니다.

주식은 수익성의 대표 상품은

힘센 놈인 기관과 외국인에 해당하는 이야기입니다.

서민들에게는 위험성의 대표 상품이 주식투자입니다.

그런데도 서민들에게는 위험성의 대표 상품인 주식투자를

수익성의 대표 상품으로 어떻게 감쪽같이 속였을까요?

힘센 놈들에게 속은 우리는 주식투자를 해야만

돈을 벌 수 있다는 환상에 빠져 돈을 계속 털리고 있는 것입니다.

심한 사람은 전 재산을 주식투자로 탕진하기도 합니다.

힘센 놈에게 언제까지 사기당하고 살아야 하나요?

우리는 언제 주식투자로 돈을 벌 수 있다는

환상에서 벗어날 수 있을까요?

30 주식시장을 야바위로 만드는 공매도를 폐지하자

공매도는 힘센 놈에게만 주는 특혜입니다.

서민들은 부족한 돈이지만

어떻게 하든 종잣돈으로 만들려는 마음에 주식투자를 합니다.

그런데도 현실은 돈을 버는 사람보다는

잃어버리는 사람이 많습니다.

그래서 필자는 개미들의 주식투자를 반대하는 사람입니다.

만일 투자해야 한다면 실력을 갖춘 연후에 해야 한다고

누누이 이야기합니다.

그렇게 실력을 갖춘 연후에 투자하여도

돈을 벌 확률이 생각보다 높지가 않습니다.

그 이유가 기관과 외국인들이 가진 공매도라는

무기가 없기 때문입니다.

그렇다고 담보가 부족한 개미들에게 공매도를 허용하기에는 현실적 어려움이 있습니다.

가장 공평하고 투명한 제도는

개미들의 피를 빨아먹는 공매도를 없애는 방법뿐입니다.

힘센 놈인 외국인과 기관들은

공매도 제도 폐지를 동의하지 않고 오히려 온갖 이유를 대면서

공매도 폐지를 반대하는 상황입니다.

대표적인 이유가 공매도를 없애면

주식투기의 부작용이 있다는 것입니다.

주가가 하락하고 폭락할 때마다

연일 개미들은 공매도 폐지를 외치고 있습니다.

그런데도 정부 당국자는 꼼짝하지 않습니다.

코로나 19로 인한 주가폭락으로

한시적 공매도 금지 대책이 나왔지만,

근본적인 공매도 금지정책으로 정착하기에는

요원할 것으로 보입니다.

정부 정책도 기관과 외국인 등 힘센 놈과 같은 편입니다.

만일 정부 정책이 힘센 놈과 같은 편이 아니라면

공매도는 이미 폐기되어야 했기 때문입니다.

돈을 버는 것은 매우 중요합니다.

하지만 그것보다 중요한 것은 돈을 지키는 것입니다.

공매도가 다시 시행된다면

주식시장에서 발을 빼던가

아니면 온갖 풍파에도 이길 수 있도록 실력을 키워야 합니다.

그래도 공매도를 할 수 없는 당신은

투자수익을 내기가 힘들 것입니다.

지는 싸움을 계속하는 것은 도박입니다.

그리고 이길 수 있는 곳에 투자해야 합니다.

투자는 실력도 중요하지만,

실력보다 더 중요한 것은 투자수익을 낼 수 있는 확률입니다.

부동산은 투자수익이 주식투자 수익보다 월등히 높습니다.

확률이 높다면 실력을 조금만 갖추어도

당신은 승자가 될 수가 있습니다.

이기는 것도 습관입니다.

이기는 습관이 부의 운명을 결정합니다.

③① 행복을 느낄 여유가 없는 부자와
깡통 찬 서민

필자는 사람을 만나는 직업을 오랜 시간 가졌습니다.

물론 지금도 사람을 만나는 직업입니다.

주식투자 하시는 분들도 많이 만났습니다.

그러나 주식시장에서 수익을 내신 분은 드물게 보았습니다.

주식시장에서 수익을 내신 분들도

식사 시간에 휴대폰에서 눈을 뗄 수가 없습니다.

밥 먹는 즐거움을 휴대폰으로 보는 주식시황에 빼앗기고 있는 것

이지요. 집에 가면은 미국시장을 보겠지요?

그래도 주식투자로 수익이 발생하면 천만다행입니다.

대다수는 돈을 잃고

경제적으로 크게 힘든 생활을 하고 있습니다.

필자 역시 경제적으로 많은 어려움을 겪었습니다.

필자의 잘못으로 인해 필자의 가족도 엄청난 고통을 겪었습니다.

참으로 후회되는 일이었습니다.

참으로 안타까운 것은 필자와 같은 잘못을 지금도 너무나 많은 서민이 반복해서 따라 하고 있다는 사실입니다.

수익이 발생하여도

삶의 많은 소소한 행복을 느낄 수 없는 주식투자

손실이 발생하면

깡통을 차면 본인과 가족에게 엄청난 타격을 주는 주식투자

제발 제대로 배워서 실력을 갖춘 후에 해도 늦지 않습니다.

수영을 배우지 않고 강이나, 바다에 뛰어들 수 없지 않습니까?

수영을 배우지 않으면 목숨이 위험합니다.

투자도 마찬가지입니다.

투자는 배우지 않고 투자의 바다에 뛰어드는 것은 정말 위험합니다.

본인뿐만 아니라 가족들까지도 위험합니다.

수영 못해서 물에서 허우적거릴 때 고마운 119구조대나

주위 사람들에 의해 목숨을 건질 수도 있지만,

투자의 세계에서는 구해주는 사람은 아예 없습니다.

오히려 당신의 투자 재산을 노리기 위해 펼치는 작전이 더 많습니다.

우리가 돈을 벌기 위하여 얼마나 피땀 흘리며 일을 합니까?

그 피 같은 돈 때문에 얼마나 많은 목숨이 오고 갑니까?

개미들이 하는 주식투자는 돈을 벌어도,

균형적인 삶의 행복이 무너지기 일쑤이고,

돈을 잃으면 모든 것이 무너집니다.

금융투자는 스트레스받는 직접투자보다는

믿을 수 있는 펀드를 발굴하여 간접투자를 하는 것이

편안한 직장생활, 편안한 사업을 하는데 오히려 도움이 됩니다.

그것이 스트레스받는 직접투자보다 돈을 벌 확률이 높습니다.

그래도 굳이 직접투자를 한다면

삼성전자를 비롯한 대한민국에서 가장 힘센 놈 중심으로,

오래 보유하는 전략으로 가는 것이

비교적 안전하고, 수익은 크게 납니다.

32 오너(갑질) 리스크와 쪽수 리스크

코로나 19의 최대 피해 업종 중 하나가 항공업입니다.

과거 오너 리스크에 설상가상으로 코로나 19까지 겹쳐

비상 경영 중입니다.

사실 아시아나항공과 대한항공 위기는

오너 리스크로 시작되었습니다.

아시아나항공은 무리하게 대우건설 인수 때문에

오너 리스크가 발생하였고

그 오너 리스크 때문에 아시아나항공을

피눈물을 흘리면서 팔 수밖에 없는 상황에 몰렸습니다.

또 대한항공은 갑질 리스크가 발생하여

그 피해가 회사와 임직원에게 돌아가고 있습니다.

지금은 코로나 19 상황까지 겹쳐 인고의 시간을 버티고 있습니다.

주식투자에서 오너 리스크는 정말 자주 발생합니다.

오너 리스크 만큼 주식시장에서 발생하는 위험이

쪽수 리스크입니다. 쉽게 말하면 빈번한

노동파업과 지나친 노조의 경영 참여 같은 행위입니다.

예를 들어 대우조선해양 인수 실사 때 노동조합의 실사 반대로

한화그룹은 대우조선해양을 인수하지 못한 사례가 있습니다.

지나고 보면 한화그룹은 정말 운이 좋은 그룹입니다.

대우조선해양 인수를 방해한 노동조합에

큰절을 올려야 할 정도로 위험을 피해 간 것이지요?

가장 대표적인 쪽수 리스크가 있는 업종은 자동차그룹입니다.

비단 대한민국뿐만 아니라 미국의 자동차 도시 디트로이트

역시 쪽수 리스크에서 벗어나지 못했습니다.

쌍용그룹을 해체한 쌍용자동차, 그리고 대우자동차, 기아자동차

모두 주인이 바뀌었습니다.

다음은 조선업종으로 개미들 투자기피 업종입니다.

만일 주식투자를 검토한다면

오너 리스크와 쪽수 리스크 있는 기업은 일단 배제하고

투자업종을 선택하시길 노골적으로 이야기하는 것입니다.

33 주식 물타기와 주식 저축

우리는 주식투자를 할 때 매수한 종목의 가격이 하락하면

즉 평가손실이 발생하면

다른 표현으로 물리면

평균단가를 낮추기 위하여 물타기를 합니다.

시간이 지나서 평균단가 이상에서 매도하고 빠져나오면 다행이지만,

그렇지 않을 경우 평균단가를 낮추려고 매수를 계속하면

끝 모를 바닥으로 곤두박질 확률이 많은 것이 소위 물타기 투자입니다.

주식투자에서 물타기는 정말 위험한 투자방법입니다.

주식시장에서 물타기 투자는

자영업자들이 하는 실수로 비유하여 표현하면

망한 가게에 새로 입점하여 장사하는 것과 비슷합니다.

보통 망한 가게는 입지가 좋지 않습니다.

그래서 보증금과 임대료 권리금 등 제반 비용이

정상가게보다 훨씬 저렴하므로 자본력이 부족한 서민들이

어쩔 수 없이 선택하는 경우가 많습니다.

나만 노력하면 돈을 벌 수 있다고 생각을 하지만,

그런 생각은 그 전에 망한 주인도 똑같이 하였을 것입니다.

그런데도 망했습니다.

그런 가게는 피해야 하는 가게입니다.

그럼 주식 저축과 주식 물타기의 공통점과 차이점은 무엇일까요?

공통점은 계속 매수하여 평균단가를 낮추는 것은 같습니다.

그럼 차이점은 무엇일까요?

주식 저축은 필자가 아는 후배가 하는 주식투자 방법입니다.

참고로 후배는 주식 저축으로

매년 꾸준히 기복 없이 수익을 내는 투자자입니다.

후배는 기업이 수익을 꾸준히 내야 하고,

향후 성장성이 있어야 하고,

마지막으로 오너 리스크와 쪽수 리스크가 있는지를 살펴봅니다.

주가가 하락하면

오히려 저렴하게 주식을 살 기회가 생겼다고

꾸준히 주식을 저축합니다.

이미 회사에 대한 조사와 오너에 대한 검토가 끝났기 때문에

농부의 심정으로 기다리는 것이지요.

그래서 매년 기복 없이 꾸준히 주식으로 수익을 내는 것입니다.

주식 물타기 기법은 사냥꾼의 투자 기법과 유사하다면

주식 저축은 주식 농부와 비슷한 기법입니다.

주식투자는 힘이 세지는 놈과 함께

힘이 세지는 놈은

큰 기업으로의 인수합병, 시장 점유율을 높이는 기업,

영업 이익이 늘어나는 기업 등이 있습니다.

사례 1

하이닉스 반도체회사는 2001년 경영위기로

현대그룹으로부터 분리하여 독자경영을 하였습니다.

임직원들 정말 열심히 일하였습니다.

그 결과 영업이익을 많이 내기도 하였지만,

늘 불안하였습니다.

왜냐하면, 반도체 사업의 특성상 대규모 투자를 하기에는

자체동력이 늘 부족하였습니다.

그 간격을 대규모 투자보다는 기술개발로 극복해 나갔습니다.

2012년 SK그룹으로 인수되면서

SK하이닉스는 새로운 도약을 하게 됩니다.

힘센 놈 SK그룹과 같은 편이 되었습니다.

그 결과는 주가에 그대로 반영되었습니다.

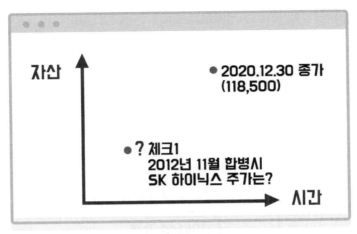

SK하이닉스 주가

사례2

삼성전자의 합병과정

지금은 세계에 자랑하는 대한민국 간판인

삼성그룹의 대표주자 삼성전자

가전기업으로 탄생한 삼성전자도

1980년 삼성반도체와 합병하여 힘을 키웠고

1988년에는 삼성반도체통신을 흡수 합병하여

힘을 계속 키워 왔습니다.

지금은 반도체, 휴대폰, 디지털 가전 분야에서

세계적인 그룹으로 성장하고 있습니다.

합병을 통해 힘을 합하니,

삼성전자의 힘은 더욱 세지고,

삼성전자가 성장할 때마다 주가로 보답해 왔습니다.

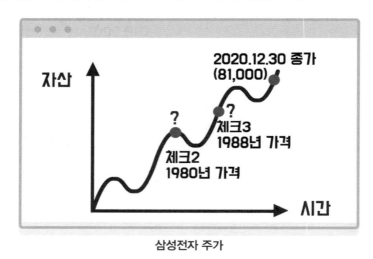

삼성전자 주가

위의 사례에서 보듯이 기업이 인수와 합병으로 힘이 세진다면

투자 유망업종이 되는 것입니다.

기업의 힘이 강해질 때 그때가 바로 투자 기회입니다.

큰 기업으로의 피합병은

그래서 주식시장에서 늘 호재로 작용하는 것입니다.

그러면 개미들도 힘센 놈과 한 편이 자연스럽게 되는 것입니다.

35 강심장과 새가슴

주식투자를 쉽게 자영업 하는 가게를 비유로 설명하면

부대찌개 하면 의정부 오뎅집을 많은 분이 기억할 것입니다.

오뎅집 장사 정말 잘 됩니다.

오뎅집 때문에 의정부 부대찌개 거리가 생겨났습니다.

여러분이 만일 초창기부터 그 식당 지분을 가지고 있다면

조금 이익 났다고 팔고 나오겠습니까?

아니면 최대한 오랜 기간 보유하다가 크게 수익 내고 나올까요?

만일 상속할 수만 있다면 상속을 하겠지요?

주식투자에서도 마찬가지입니다.

투자한 회사가 사업이 날로 번창한다면

최대한 수익을 오래 길게 가지고 갈 필요가 있습니다.

수익이 발생할 때는 크게 먹는 강심장이 필요한 것이

주식시장입니다.

그와 반대로 빨리 팔아야 하는 때도 있습니다.

주변에는 망한 식당 자리에

또 식당을 하는 경우가 종종 있습니다.

자본의 한계 때문입니다.

'나만 열심히 하면 돈을 벌 수 있다.'라는 자신감을 가지고

일을 합니다.

정말 열심히 합니다.

그분에게 특별한 무기가 있다면 다행이지만,

그 특별함이 없다면 점점 매출이 떨어지고 결국은 망할 것입니다.

사실 전에 망한 주인도 똑같은 마음으로 개업하였고,

열심히 일하였지만,

결국은 망하였습니다.

손절을 못한다는 것은

결국 망하는 가게와 끝까지 동업하는 것과 유사합니다.

망하기 전에 받아줄 임자가 있을 때

털고 나온다면 손실을 줄일 수가 있는 것입니다.

그래서 주식투자는 손절을 잘해야 합니다.

'이익은 크게, 손실은 적게'

누구나 알고는 있지만 실천하지는 못합니다.

주식 하시는 분들은 수익 종목에서 수익을 크게 가져가지 못하고,

적게 가져가는 것은 수익이 날 때 매도 못 하면

또 하락하여 손해를 볼까 두려워하는 새가슴이 많기 때문입니다.
특히 새가슴은 주식시장에서 돈 잃고,
건강까지 해칠 가능성이 크기 때문에
절대적으로 피해야 할 유형입니다.

36 투자는 힘센 놈과 함께
달러와 비트코인 사례

세계 기축통화는 미국의 달러입니다.

2008년 미국발 금융위기 때 미국은 무제한으로

기축통화인 달러를 발행하여 국가위기를 벗어났습니다.

중국도 기축통화로서의 가치를 인정받고자 무진장 노력하였으나,

아직도 역부족인 것이 기축통화입니다.

미국은 달러를 무기로 세계를 주무르고 있습니다.

미국의 달러는 낮과 밤 모두의 기축통화입니다.

그러나 미국의 통제를 벗어나고자 하는 세력은 어디에나 있습니다.

대표적인 단체가 테러단체, 불법 무기상, 마약 단체 등

수없이 많습니다.

북한도 미국의 통제에서 벗어나 자금을 집행하기 위하여 해킹을

통해 비트코인을 강탈한 사실이 뉴스에 나오곤 하였습니다.

비트코인은 밤의 세계에 미국 달러처럼

통화로서 가치를 대접받는 상황입니다.

밤의 세계가 있는 한 비트코인은 쉽게 사라지지 않을 것입니다.

비트코인의 가치는 채굴로 생산하기가 쉽지 않다는 점에 있습니다.

대량생산 된다면 가상화폐의 생명력은 끝입니다.

코인은 투자하면 안 되지만,

만일 그래도 한 종목을 해야 한다면

가장 힘이 센 비트코인을 빗썸 등 거래소에서

거래하기를 추천합니다.

지금 대한민국에서 벌어지고 있는 코인 투자의 대부분은

사기라고 보시면 됩니다.

성공한 비트코인을 모방한 코인은

어느 순간 거의 다 사라지게 될 것입니다.

먼 훗날 미국의 멸망 역사를 쓰는 날이 온다면

비트코인을 필두로 한 가상화폐가

미국의 달러 위상을 추락시켰기 때문일 것입니다.

그래서 지금도 미국은 달러의 위상을 약화할 수 있는(페이스북에서

발행하려는 리브라 등) 가상화폐 진출을 온갖 압박을 통해 태어나지

못하게 방해하고 있는 것입니다.

제3부

부동산 투자 바이블

37 부자들이 좋아하는 Real estate

부자들이 좋아하는 'Real estate'는
다음 사전에서 이렇게 번역하고 있습니다.

1. 부동산　　2. 집　　3. 토지

그러나 이것은 정확히 번역한 것이 아닙니다.
Real estate를 깊이 정확히 알고자 하면
Real(진짜) estate로 번역해야 합니다.
그러면 Estate를 알면 'Real estate'를 정확히 알 수가 있습니다.
Estate는 다음 검색에 이렇게 나옵니다.

1. 재산　　2. 소유권　　3. 사유지　　4. 계급

그러면 Real estate는 부동산, 집, 토지라는
우리가 알고 있는 사전적 의미보다는
진짜 재산, 진짜 소유권, 진짜 사유지, 진짜 계급이라는 의미가 함축된 부동산, 집, 토지라는 것입니다.

땅을 산다는 것은 단지 땅을 가진다는 것이 아닙니다.
땅을 소유한다는 것은 진짜 재산, 진짜 소유권, 진짜 직장(사업),
진짜 신분(계급)을 가진다는 복합적 의미가 담겨있습니다.
인류가 발견한 최고의 투자상품이 땅입니다.
그래서 좋은 땅은 자본주의에서도 자본의 힘을 이기는 것입니다.

38 Real estate는 진짜 재산이다

어떤 재산이 진짜 재산일까요?

미국의 달러가 진짜 재산일까요?

모든 나라에서 선호하고

많은 사람에게 사랑받는 미국의 달러가

왜 진짜 재산이 아닐까요?

지금은 세계인이 사랑하는 미국 달러가

진짜 재산처럼 보일 수가 있습니다만,

미국 달러가 천 년 뒤에도 진짜 재산이 될 수 있을까요?

누구나 선호하는 미국의 달러가 진짜 재산이라면

천 년 제국 로마 화폐도, 세계를 정복한 원나라 화폐도

진짜 재산으로 사용되겠지요?

진짜 재산이란?

과거에도 재산, 현재에도 재산, 미래에도 재산이면서

동시에 동양에서도 재산, 서양에서도 재산인 것이 진짜 재산입니다.

그것은 땅과 금(Gold) 두 가지밖에 없습니다.

필자는 모든 나라에서 발행하는 화폐는

발행주체에 따라 변하는 그림자 재산이라고 서술하였습니다.

그 나라가 힘이 세지면 그 나라의 돈은 힘이 세지고,

그 나라의 힘이 약해지면 그 나라의 돈은 힘이 약해집니다.

화폐의 힘이 변하는 이유는

그 나라의 신용도가 생물처럼 변하기 때문에

그 변하는 것을 반영하는 것이 환율이라고 언급하였습니다.

모든 나라는 로마처럼 원나라처럼 언젠가는 멸망합니다.

그 나라의 화폐를 가지고 있는 사람의 재산도

따라서 망했습니다.

그러므로 언젠가는 멸망하는 미국의 돈인 달러는 현재는 기축통
화임에도 불구하고 진짜 재산이 되지 못하는 이유입니다.

만일 망한 로마제국 부자들이 땅과 금을 그대로 가지고 있다면

그 나라가 망하여도 재산의 가치는 그대로 유지되기 때문에

진짜 재산이 되는 것입니다.

진짜 재산의 원리는 부자들이 먼저 알았습니다.

부자들은 돈을 그림자 재산인 돈으로 그대로 저축하기보다

진짜 재산인 땅과 아파트 등 실물자산으로 바꾸어 보관하고

투자하는 것입니다.

지금은 부동산의 대표주자는 아파트로 대표하는 집이지만,

사실은 토지입니다.

강남아파트가 비싼 이유는 아파트라는

건축물에 있는 것이 아니라

아파트라는 건축물이 있는 강남의 땅 가격이 비싸기 때문입니다.

세상의 재산은 시간에 따라 가치가 변합니다.

기업의 회계 장부를 보면

모든 자산에는 감가상각이란 항목이 있습니다.

즉 시간이 지날수록 가치가 하락한다는 이야기입니다.

그래서 많은 자산은 진짜 재산이 될 수가 없습니다.

그러나 토지는 감가상각 대신에 자산 재평가를 통하여

가치가 오르는 자산입니다.

그래서 기업들은 수년마다 자산 재평가를 통하여

기업의 가치를 올리고 있습니다.

시간의 흐름에 따라 불변의 가치가 있으므로

진짜 재산이 되는 것입니다.

모든 자산은 가치보존을 위하여 큰 비용을 지불합니다.

시간이 지날수록 가치가 상승하는 문화재나 골동품에는

보험이 필수적입니다.

대표적인 것이 도난보험, 화재보험, 해상보험 등입니다.

파손되면 끝장이기 때문입니다.

그 때문에 문화재나 골동품이

진짜 재산이 될 수가 없는 것입니다.

땅은 도난보험이 필요하지 않습니다.

화재보험도 가입하지 않습니다.

그러므로 진짜 재산이 될 수가 있는 것입니다.

땅은 더는 생산되지 않습니다.

그러므로 진짜 재산이 될 수가 있습니다.

위와 같은 이유로 부자들은 진짜 재산인 땅과 금을 좋아합니다.

누구나 좋아하지만,

또 가지고 싶어하지만,

특히 부자들은 더 많이 좋아하고,

더 많이 가지고 있고,

지금도 더 많이 가지기 위해 노력하고 있습니다.

그래서 진짜 부자가 된 것입니다.

왜냐하면, 땅은 진짜 재산이기 때문입니다.

③ Real estate는 진짜 소유권을 갖는다

땅을 가진다는 것은 재산을 진짜로 소유한다는 것입니다.

진짜 소유권 유무가 진짜 재산인 땅과 금을 구별하는

결정적 차이입니다.

금은 진짜 재산인 것은 맞지만, 진짜 소유권을 갖지 못합니다.

금은 원래 주인과 상관없이 통상적으로

현재 소유한 사람이 주인입니다.

이 때문에 훔친 금은 장물 형태로 시중에 거래되기도 합니다.

반면 땅은 문서가 있는 사람이 임자입니다.

땅은 훔쳐가기가 쉽지 않습니다.

너무나 안전해서 가끔 방치되는 재산이 땅입니다.

금은 문서라는 꼬리표가 없지만,

땅은 문서라는 꼬리표가 있습니다.

그 문서가 소유권을 진짜로 만들어줍니다.

조선 시대 땅이 일제강점기를 거치면서도 대한민국에서 조상 땅

찾기 운동을 통하여 후손들에게 상속되고 있습니다.

나라가 망하여도 문서가 있는 땅은 없어지지 않습니다.

그래서 지금도 6.25 분단 전후에 월남하신 분들은

땅문서를 소중하게 간직하고 있습니다.

이런 사례를 보면 땅의 힘은 국가보다 힘이 센 것입니다.

지금은 정부가 등기라는 제도를 통해 소유권을

더 안전하게 지켜주고 있습니다.

그래서 땅을 가진다는 것은 진짜 소유권을 가진다는 것입니다.

이처럼 국가가 개인의 재산을 지켜주는 상품은

좀처럼 찾아보기 힘듭니다.

이 때문에 부자들은 땅을 좋아하지 않을 수 없는 것입니다.

Real estate는 진짜 사유지(직장, 사업)**이다**

사유지가 하는 일은 이렇습니다.

밀을 재배하여 식량을 생산합니다.

양과 소와 말들을 키웁니다.

농산물을 재배하고, 가축을 키우면서,

여기에서 나오는 생산물로 먹고 마시고 생존하고

술을 만들고 축제를 즐기고 생활하고

또 아끼고 저축하여 후손에게 상속하는 것입니다.

우리 시대에도 이와 비슷한 역할을 하는 것이 있습니다.

바로 직장이고, 사업입니다.

사유지는 크기에 따라 사업이 되기도 하고,

직장이 되기도 합니다.

그런데 그냥 직장이고, 사업이 아닙니다.

영원히 해고되지 않는 진짜 직장이며,

영원히 망하지 않는 진짜 사업입니다.

200만 평이 있다면 자자손손 걱정 없는 거대지주,

우리 시대의 언어로 영원히 망하지 않는 삼성전자 같은 기업,

50만 평이 있다면 자자손손 걱정 없는 대지주,

우리 시대의 언어로는 영원히 망하지 않는 현대모비스 같은 기업

10만 평이 있다면 자자손손 걱정 없는 중지주

우리 시대의 언어로는 영원히 망하지 않는 유한양행 같은 기업

땅은 가장 훌륭한 사업이라는 것을 잘 보여주신 분이 롯데그룹

창업주인 신격호 회장과 현대그룹 창업주인 정주영 회장입니다.

신격호 회장은 가장 요지의 비싼 역세권 땅을

가장 많이 보유하셨고 그 땅은 롯데그룹의 백화점과 호텔 등

그룹의 중요한 사업체가 되었습니다.

또 정주영 회장은 정부가 소양강댐 건설을 발표할 때

"더이상 서울에는 상습침수지가 없다."라고 예측하여

강남 압구정과 풍납동 일대 땅을 대규모로 매입하였습니다.

특히 압구정 현대아파트 분양사업은

현대그룹이 성장하는 데 기폭제 역할을 크게 하였습니다.

또 연탄회사가 서울을 비롯한 도시에 가지고 있는 야적장들이

개발되어 기업이 성장하는 큰 역할을 하는 것을 보면

땅은 가장 안전하고 확실한 진짜 사업이라는 것을

보여주는 대표적인 사례입니다.

땅 2,000평이 있어야 일가족이 먹고산다고 가정하면

10,000평이 있다면 자자손손 걱정 없는 큰 부자

우리 시대의 언어로는 원래 부잣집 출신이고

해고 없이 정년까지 안정적인 직장에서 일하는 고위직 정규직

5,000평이 있다면 흉년에도 걱정 없는 부자

우리 시대 언어로는 정년 보장되는 정규직이나 공무원

2,000평이 있다면 풍년에는 버티나 흉년에는 위험한 농민

우리 시대 언어로는 위기가 오면 먼저 해고되는 계약직 직장인

1,000평이 있다면 반드시 부족한 1,000평분 만큼

다른 일을 해야 하는 반은 자작농.

반은 소작농으로 일하시는 분으로

우리 시대에는 투 잡을 하시는 분이거나

반드시 맞벌이해야 하는 분

500평이 있다면 반드시 부족한 1,500평 만큼의

다른 일을 해야 하는 사람으로

아르바이트를 여러 개 하거나

온 가족이 모두 일을 해야 하는 완전 서민층

땅 1평이 없다면 우리 시대의 언어로는 백수입니다.

땅은 진짜 사업이고 진짜 직장이었기 때문에

부자들이 좋아하는 이유입니다.

그것을 너무나 잘 알고 있는 우리 조상들은

"땅은 배신하지 않는다." 그러니 "땅에 돈을 묻어라."라고

노래를 부른 것입니다.

부자들은 땅의 크기에 따라 진짜 사업이 되기도 하고,

진짜 직장이 되기도 하기에 땅을 좋아하는 것입니다.

사업하시는 분들이 사업을 키우듯이
부자들은 땅을 계속 키워갑니다.

41 Real estate는 진짜 계급(신분)을 가진다

마지막으로 땅을 가진다는 것은 진짜 계급을 가진다는 것입니다.

필자는 땅을 알기 전에는 영의정, 좌의정, 우의정과 같은 삼정승

과 이조판서, 병조판서 등 육판서가 진짜 계급인 줄 알았습니다.

땅을 공부하다 보니 삼정승 육판서는 진짜 계급이 아닌

가짜 계급인 것을 알았습니다.

진짜 계급은 자자손손 계급이 상속되어야 하는데,

상속되지 않는 계급은 가짜 계급인 것입니다.

가짜 계급은 본인이 능력이 있거나, 운이 좋아 올라간 계급입니다.

그것도 본인에 한정됩니다.

그러나 진짜 계급은 자자손손 상속된다는 데 있습니다.

마지막으로 땅을 가진다는 것은 진짜 계급을 가진다는 것입니다.

그래서 땅을 많이 가질수록 계급이 높아집니다.

땅을 가진 크기가, 계급의 크기인 것은 서양이나 동양이나

과거와 현재와 미래, 그 원리는 같습니다.

땅을 많이 가지면 가질수록, 계급이 높아지기 때문에

더 많은 땅을 가지기 위해 높은 계급에 있는 사람(나라)은 식민지,

전쟁, 약탈 등 추악한 짓도 서슴지 않은 것이

땅이 가진 역사입니다.

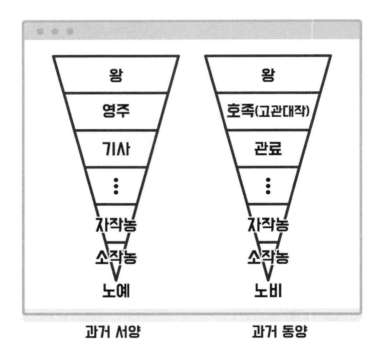

서양 : 왕 → 영주 → 기사 → 자작농 → 소작농 → 노예

중국 : 황제 → 왕 → 호족(고관대작) **→ 관료 → 자작농 → 소작농**

　　　→ 노비

조선 : 왕 → 고관대작 → 관료 → 자작농 → 소작농 → 노비

현재 : 정부 → 재벌 → 중견기업 → 부자 → 서민

지금은 신분에 의해 땅을 소유하는 시대는 아니지만,

신분이 높을수록, 계급이 올라갈수록

여전히 땅을 더 많이 보유하고 있습니다.

그러니 부자들이 땅을 좋아하는 것입니다.

지금도 더 높은 계급(신분)으로 가기 위하여

부단히 땅을 더 많이 확보하려고 하는 것입니다.

42 땅의 특징

부동성

땅은 부동산의 대명사입니다.

움직이지 않는다는 이야기입니다.

그 성질을 전문 용어로 부동성이라고 합니다.

이 부동성을 부자들은 정말 좋아합니다.

부동성을 좋아하는 이유는 다음과 같습니다.

만일 부동산이 움직인다면 필자는 고향인 경남 산청군 생초면

땅 100평을 사서 명동 땅으로 옮길 수가 있습니다.

그러면 필자는 금방 부자가 되겠죠?

반대로 명동에 땅 100평을 가지고 있는 부자는

순식간에 가난하게 됩니다.

그래서 부자들은 변동성을 정말 싫어합니다.

경영학적 용어로 변동성은 리스크입니다.

땅은 부동성 때문에 입지가 무엇보다 중요한 것입니다.

입지만 잘 고르면 오랜 시간 정말 좋은 땅으로

안전한 재산이 되는 것입니다.

대표적인 것이 한양이지요?

조선의 신도시 한양, 지금의 서울입니다.

한양, 서울은 600년간 땅값이 올랐습니다.

반대로 입지를 잘못 선택하시면

자자손손 매매가 되지 않는 애물단지가 됩니다.

부자와 가난한 자의 차이를 만드는 제1요소가 입지 선택입니다.

입지를 고를 때는 눈으로 직접 보고,

발로 뛰는 노력이 꼭 필요한 것입니다.

부증성

땅은 단 1평도 생산하지 못하는 부증성을 가지고 있습니다.

간척이나 개간으로 땅을 생산할 수 있다고 말을 하지만,

사실 강 아래 혹은 얕은 바다 아래 땅이 있기에

가능한 행위이지 원칙적으로 생산 불가능한 것이 땅입니다.

부증성은 땅의 호재가 발생 시 땅 가격의 폭등으로 이어집니다.

그 이유는 수요는 폭발적으로 늘어나는데

공급은 단 1평도 안 되기 때문입니다.

이것 역시 부자들이 땅을 좋아하는 이유입니다.

영속성

땅은 홍수가 나고, 화재가 발생하여도

일시적으로 훼손할 수는 있어도

영원히 훼손할 수는 없습니다.

비싼 그림과 비교하면 쉽게 이해가 되지요?

땅은 도난보험, 화재보험 등 각종 보험이 필요하지 않습니다.

즉 땅은 영원한 것입니다.

기업의 재무제표에 기계, 설비, 건물 등은 감가상각을 합니다.

그러나 땅은 감가상각이란 항목이 없습니다.

시간이 지남에 따라 오히려 가치가 상승하여

자산 재평가를 통한 기업의 가치를 올립니다.

이것 역시 부자들이 땅을 좋아하는 이유입니다.

유일성

똑같은 땅은 이 세상에 없는 유일한 상품입니다.

이 세상에 대체제가 없는 유일한 상품이기 때문에

꼭 필요한 땅은 알박기 땅이 자연스럽게 되는 것입니다.

이것 역시 부자들이 땅을 좋아하는 이유입니다.

그래서 주변에서 큰돈을 버신 부자나 기업은

요소요소에 땅을 많이 가지고 있는 것입니다.

땅이 가지고 있는 성질 4가지가

부자들이 좋아하는 성질 4가지입니다.

그래서 땅을 사면 부자가 되기는 정말 쉽습니다.

모든 땅은 영원하므로 좋은 땅은 수익관리를 잘해야 합니다.

조금 수익을 냈다고 팔면 손해라는 이야기입니다.

가장 대표적인 도시가 600년간 오르고 있는 서울의 땅입니다.

특히 주식을 사면 가난해지기 쉽습니다.

모든 기업은 언젠가는 망합니다.

언젠가는 망하는 회사의 파생상품이 주식입니다.

그래서 주식은 수익관리도 중요하지만,

위험관리가 훨씬 더 중요한 것입니다.

43 신도시란?

신도시를 무엇이라 생각하십니까?

그냥 간단히 베드타운이라고 이해하고 계시는지요?

물론 틀린 이야기가 아닙니다.

지금 만들어지는 신도시는 베드타운에서 벗어나기 위해

시작 단계부터 자급도시의 기능을 많이 고려하여 설계합니다.

그렇지만 베드타운의 한계에서 벗어났다고 이야기하기에는

판교신도시를 제외하고는 조금 힘듭니다.

신도시를 베드타운으로 이해하고 계시는 분은

신도시에서 분양하는 아파트를 분양받기를 희망하시는 분과

기존 아파트를 구입하여 거주 또는 투자를

목적으로 하는 분이 많습니다.

아니면 환경이 좋은 신도시 아파트에서 생활하기를 원하는

소비자의 관점입니다.

그러면 투자자의 관점은 무엇일까요?

투자자의 관점에서 신도시란?

'국가가 땅값을 올리는 사업'이다.

조금 풀어서 이야기하면

'국가가 허허벌판 저렴한 땅에 돈과 시간을 투자하여

땅값을 올리는 사업'이라고 정의하는 사람입니다.

신도시는 전부 허허벌판에 건설되었습니다.

허허벌판이 작을수록 신도시의 규모 역시 작았습니다.

그래서 필자는 신도시 사업이야말로

서민들이 대한민국에서 가장 힘센 놈인 국가가 하는 일에

가만히 올라타서 돈을 버는 축복의 기회라고 하는 것입니다.

그런데도 서민보다는 부자들이 더 민첩하게 행동하는 것을

보고 안타까운 마음이 들기도 합니다.

그러면 신도시 건설로 대한민국에서 가장 힘센 놈인

국가가 어떻게 땅값을 올릴까요?

신도시 건설에 방해되는 온갖 장애물을 제거합니다.

전문 용어로 각종 규제를 완화 또는 해제하는 것입니다.

땅값은 오르는 것을 감당하지 못해 폭등하겠죠?

그중에서 가장 큰 수익을 주는 것이 용도변경입니다.

사람들이 편리하도록

각종 호재를 투입하고 또 투입합니다.

지하철 건설, 고속도로 건설, 병원 입주, 학교 입주,

관공서 입주, 기타 등등

그러면 정말 땅값이 어마어마하게 폭등합니다.

엄청난 사람들이 몰려와서 신도시가 됩니다.

그러면 도시는 더욱 확장되고 또 땅값이 오릅니다.

그래서 신도시가 발표되고 완성되면 발표 전의 땅값과

비교해 통상 수십 배 이상의 땅값이 오르는 것입니다.

대표적인 신도시가 강남 배추밭으로 대변되는 강남개발과

분당, 일산, 중동, 평촌 1기 신도시,

판교, 광교, 동탄, 양주 옥정 등 2기 신도시,

상계, 중계, 하계동 개발, 목동개발 등

국가주도 새로운 도시는

거의 동일한 절차를 밟아 땅 가격을 폭등시켰습니다.

신도시는 힘센 놈 국가가 모든 역량을 집중하여

신도시를 완성합니다.

그래서 신도시는 불패입니다.

만일 신도시 실패는 국가에 엄청난 재정부담을 주기 때문입니다.

또 신도시는 새롭게 인구를 모으기 때문에
선거에도 막대한 영향을 끼칩니다.
상주인구가 거주하는 신도시는
국가가 시행하는 다른 어떤 개발 사업보다
파급력이 크고 오래갑니다.
땅 값의 폭등은 아파트 가격의 폭등으로 이어집니다.

대표적인 것이 조선이 만든 신도시인 한양 신도시는
600년간 땅값이 올랐습니다.
지금도 오르고 있습니다.

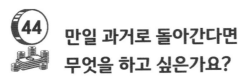

44 만일 과거로 돌아간다면
무엇을 하고 싶은가요?

만일 우리가 과거로 돌아갈 수 있다면 무엇을 하고 싶은가요?

공부를 열심히 하고 싶다는 분

여행하고 싶다는 분

공무원이 되고 싶은 분 등 다양하게 있겠지만,

필자처럼 '강남 배추밭일 때 강남에 땅을 살 것이다.'

'지하철이 생기는 곳의 땅을 살 것이다.'

'강남아파트를 살 것이다.'

'삼성전자 주식을 살 것이다.'

그렇게만 된다면 정말 돈 벌기가 쉽죠?

시간을 뒤돌아보고 복기를 한다면

많은 사람들은 그때 투자를 잘하여

지금의 신분과 경제적 상황이 바뀔 기회를

놓친 것을 가장 아쉬워할 것입니다.

투자는 단 한 번만 잘하면

자자손손 돈 때문에 걱정하는 일이 없기 때문입니다.

우리가 직장생활을 열심히 하는 것도

사실 돈을 벌어야 하기 때문입니다.

그래야 먹고, 생활하고, 자녀들 교육하고, 여행하고, 저축하고,

미래와 노후를 대비하기 위해 투자를 할 수 있기 때문입니다.

성공적인 투자는 단 한 번에

이 모든 것을 가능하게 해주는 것입니다.

사실 우리가 투자를 고민하는 오늘도

미래의 관점에서 본다면 과거입니다.

과거의 투자 성공요소는 현재에도 통하고,

미래에도 여전히 통하는 공통점이 많습니다.

성공투자의 핵심은 '힘이 세지는 놈'에게 투자하면 되는 것입니다.

그중에서도 가장 큰 수익을 낸 대표적인 종목이 땅입니다.

땅 중에서는 신도시입니다.

신설 역세권입니다.

강남 배추밭이 강남 신도시로,

상계, 중계, 하계동이, 목동이 아파트 숲으로,

분당, 일산, 중동, 평촌 1기 신도시와

판교, 광교, 동탄, 김포 한강, 양주 옥정 등 2기 신도시

과거에 국가가 개발하는 신도시는 모두 다 땅값이 폭등하였습니다.

이 교과서는 오늘을 사는 우리에게

또 한 번의 기회를 주고 있습니다.

과거에 돈이 숨어있습니다.

과거에 하고 싶은 투자,

오늘 실천하여

미래에는 큰 부자가 되시길 축복 드립니다.

45 축복의 땅은 어디에 있을까요?

'축복의 땅' 하면 많은 사람이 성경에 나오는

젖과 꿀이 흐르는 가나안 땅을 연상합니다.

자유를 박탈당하고 억압 속에서 사는 히브리 노예들은

먹고사는 것뿐만 아니라 모든 것이 힘들었습니다.

하나님께서 억압 속에 있는 히브리 민족을 긍휼히 여기시고

히브리 민족을 애굽 종살이에서 벗어나게 할 때(출애굽 시)

약속하신 땅이 바로 가나안 땅으로

젖과 꿀이 흐르는 축복의 땅이라고 말씀하셨습니다.

필자는 땅에 눈을 뜨기 전에는

축복의 땅은 단순히 성경 속의 이야기인 줄만 알았습니다.

필자가 부동산에 입문하고 보니

축복의 땅은 성경 속의 이야기일 뿐만 아니라

우리의 역사 속에 늘 존재했음을 알았습니다.

필자와 같이 늦게 발견하신 분들도 있지만,

아직 축복의 땅을 발견하지 못한 분들이 대다수입니다.

축복의 땅을 발견한 소수의 부자에게는

노다지 같은 축복이 된 것은

강남 배추밭, 뽕밭, 배밭, 모래밭이 다 축복의 땅이었습니다.

축복의 땅을 먼저 발견하고, 투자한 사람들은

노다지에서 금을 캐듯이 큰 부자가 되었습니다.

모든 투자에는 늘 위험이 존재하지만,

그러나 우리 부모님 시대의 강남 배추밭 투자는

사기만 당하지 않는다면 위험이 전혀 없는 땅이었습니다.

그래서 필자는 성경에 나오는 가나안 땅에 비유하여

국가가 주도하는 신도시 주변 땅을

축복의 땅이라고 명명한 것입니다.

사실 축복은 받는 것입니다.

강남 배추밭은 사기만 하면 축복받듯이

큰돈을 벌게 해주었습니다.

그런 축복의 땅으로 혜택을 많이 받은 사람의 대명사가

복부인입니다.

그런 축복의 땅은 시대에 따라

1980년대 개발한 상계, 중계, 하계동 논이 다 축복의 땅이었고,

1990년대에는 분당, 일산, 평촌, 중동, 산본 1기 신도시들이

다 축복의 땅이었습니다.

축복의 땅을 가진 사람들은 모두 큰돈을 벌었습니다.

필자와 같은 50대는

성남 판교, 수원 광교, 화성, 동탄 등이 축복의 땅이었고,

특히 2008년 금융위기와 서울 이북인 이유로

늦게 시작된 2기 신도시인 양주 옥정 신도시는

지금도 축복의 땅으로 진행 중입니다.

2018년 12월 발표한 3기 신도시는

축복의 땅 요건을 만들어가는 중입니다.

부모님과 우리 시대뿐만 아니라 과거에는

600년간 한양이 축복의 땅이었습니다.

한양은 조선의 새로운 수도(신도시의 왕)가 되어

한양에 자리를 잡은 사람은 조금 과장되게 이야기하면

600년간 땅값이 올랐습니다.

이에 맞는 속담이 사람은 서울로 보내고

말은 제주도로 보내라는 것과 일맥상통합니다.

고향이 서울인 사람은 지방 출신보다

부동산에 일찍 안목이 생겼습니다.

서울이 점점 확대되어가는 모습과 땅 가격이 오르는 것을

눈으로 직접 보았기 때문입니다.

먼저 서울이 커지는 모습을 보았기 때문에
지방 출신보다 땅에 먼저 관심을 갖고 또 살 기회가 생긴 것입니다.
하다못해 박정희 대통령 시절 명문 고등학교의 강남 이전으로
어쩔 수 없이 강남으로 이사하였는데
이것까지 대박으로 만들어준 행운도 따랐습니다.
눈으로 보고도 눈을 뜨지 못한 사람은
눈뜬장님과 다름이 없습니다.
그런 사람들은 지하철 발표와 신도시 발표를 듣고도
축복의 땅임을 알지 못하고 지나가는 것입니다.

46 왜 기업 하는 분들은 땅을 좋아할까요?

왜 기업 하시는 분들은 땅을 좋아할까요?

우리가 아는 많은 기업은 참으로 많은 땅을 보유하고 있습니다.

특히 돈이 되는 요소요소에 많은 땅을 보유하고 있습니다.

제가 쓴 책인 『땅 투자 땅 짚고 헤엄치기』에

모든 기업은 언젠가는 망한다고 이야기하였습니다.

그래서 모든 기업은 언젠가는 망하는 것으로부터

수명을 연장하는 방법과 생존을 위해 최선의 노력을 다합니다.

그래서 수명연장과 생존을 위해 필요한 결합상품이 있습니다.

그것이 바로 요소요소에 있는 땅입니다.

왜냐하면, 땅은 매년 공시지가가 오르는 투자상품으로

기업인에게는 보험과 같은 상품이기 때문입니다.

쉽게 예를 들어보겠습니다.

현금 100억을 가지고 사업하는 A 업체가 적자가 발생하고,

현금 100억 이상의 적자가 발생하면 어느 순간 부도가 납니다.

만일 경쟁사인 B 기업은 100억을 가지고 50억은 좋은 땅을 사고,

50억을 가지고 사업을 한다면

적자가 동일하게 발생해도 버틸 힘이 더 있습니다.

왜냐하면, 50억을 다 소진하는 시간 동안

좋은 땅 50억은 어느 순간 100억이 되어있기 때문입니다.

그래서 A 기업이 망하면 그 순간부터 B 기업은 경쟁사의 도산으로 흑자로 반전할 가능성이 A 기업보다 높은 것입니다.

예로부터 적자로 인해 정부로부터 보조금은 받은 연탄회사들도 시내에 있는 야적장이라는 땅 때문에 큰돈을 벌었습니다.

또 보조금을 받는 버스회사들도 버스 차고지 땅값이 올라 변두리로 이사하면서 땅값 폭등으로 돈을 벌고 있는 것이 현실입니다.

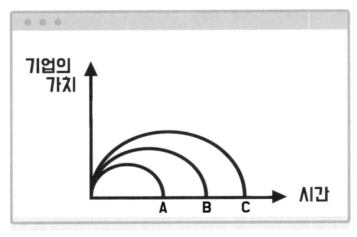

언젠가는 망하는 모든 기업의 그래프

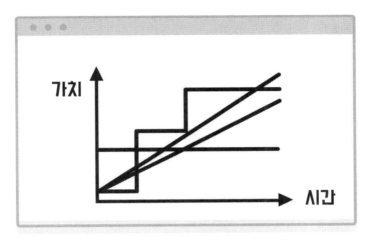

모든 땅의 그래프

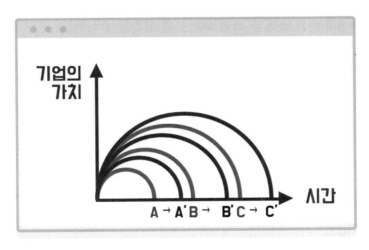

땅과 결합한 기업의 그래프

47 땅 투자는 땅 짚고 헤엄치기 1.
아파트 투자라고 생각하면 실패 없다

돈이 되는 땅 투자와 돈이 묶이는 땅 투자

어떻게 하면 쉽게 판단할 수 있을까요?

투자 권유받은 땅에는 과연 아파트를 건축할 수가 있을까?

임야에 아파트를 건축할 수가 있을까?

그린벨트에 아파트를 건축할 수가 있을까?

군사보호시설에 아파트를 건축할 수가 있을까?

문화재 보호구역에 아파트를 건축할 수가 있을까?

만일 아파트를 건축할 수가 없는 땅에 투자하면

실패할 가능성이 큽니다.

그런 땅은 절대로 투자하면 안 됩니다.

땅 투자 정말 쉽죠?

투자 권유받은 땅에는 과연 아파트가 분양될까?

첫 번째 요소인 법적으로는 아파트 건축하는 데

문제가 없다면 두 번째 단계를 검토해 보면 됩니다.

과연 이 땅에 아파트를 건축한다면 분양이 다 될까?

분양 확신이 서지 않는다면 투자해서는 안 됩니다.

돈이 묶일 확률이 높습니다.

지금도 그린벨트와 군사보호 구역이 해제되고 있습니다.

해제는 정말 큰 호재임이 틀림없습니다.

그렇지만 투자에 조심하는 것은

땅은 본질적으로 환금성이 약하기 때문입니다.

땅 가격이 오르는 것과 누군가 새로운 투자자가

그 땅에 투자할 것과는 별개의 문제입니다.

이런 땅은 투자자에게는 좋은 투자처이지만,

일반 소비자에게는 다음 투자자 발굴이 쉽지 않습니다.

땅 투자 정말 쉽죠?

투자 권유받은 땅에 아파트를 분양하면 아파트 가격이 오를까?

특별한 경우가 아니면 시간이 지나면

건축된 아파트는 분양됩니다.

분양된 아파트가 오를 가능성은

사람이 모이는 곳에는 가능하지만,

인구가 늘지 않는 곳에는 아파트 가격 상승이 어렵습니다.

그런 땅은 투자하는데 역시 조심해야 합니다.

어려운 땅 투자 사실 국민 대부분은 한 번쯤은 하였습니다.

아파트 투자가 사실은 땅 투자입니다.

지금도 아파트 가격이 오르는 곳에

땅 투자가 가능하다는 것과 일맥상통합니다.

그것은 아파트 가격이 오르는 요인과

땅 가격이 오르는 요인은 같기 때문입니다.

땅 투자 정말 쉽죠?

땅 투자는 아파트 투자라고 생각하면 정말 쉽고 안전합니다.

그렇게 판단하면 우리는 기획부동산에 사기당할 이유가 없습니다. 필자가 책을 쉽게 집필하는 이유 중 하나입니다.

48 땅 투자는 땅 짚고 헤엄치기 2.
아파트 투자처럼 땅 투자하면 성공한다

많은 사람은 땅 투자에 대한 두 가지 선입견이 있습니다.

하나는 땅 투자가 돈이 된다는 것입니다.

그것을 활용하여 기획부동산은 서민들을 상대로 사기를 칩니다.

사실은 땅 투자가 돈이 되는 것이 아니라

좋은 땅 투자가 돈이 되는 것입니다.

그러면 어떤 땅이 좋은 땅일까?

좋은 땅이란 가격이 꾸준히 오르는 땅입니다.

가격이 꾸준히 오르는 땅은 땅이 가지고 있는 최대 약점인

환금성의 문제가 저절로 해결되는 땅입니다.

가격이 오를 때 아파트 거래가 잘 되듯이

땅도 가격이 오를 때 거래가 잘 됩니다.

즉 좋은 땅은 가격이 오르는 땅이고,

가격이 오르는 땅은 거래가 잘되는 땅입니다.

그럼 나쁜 땅은 거래가 안 되는 땅입니다.

거래가 안 되는 이유는 땅 가격이 안 오르기 때문입니다.

이런 땅은 10년이 가고, 100년이 가도 매매하기가 쉽지 않습니다.

기회비용을 생각하면

손해 보는 땅으로 두고두고 애물단지가 되는 땅입니다.

땅 투자에 대한 또 다른 선입견은 대다수 사람이

땅 투자를 두려워한다는 것입니다.

그 이유는 기획부동산의 피해 관련 뉴스와 주변에서 거래가

안 되는 땅 때문에 직접 피해를 보신 분들 때문입니다.

땅 투자에 대한 두려움 때문에

눈앞의 좋은 기회를 놓치는 경우가 많이 있습니다.

땅 투자에 대한 두려움을 극복하고,

땅 투자로 수익을 내는 쉬운 방법은 무엇일까요?

아파트 투자하듯이 땅 투자하면 성공합니다.

대한민국은 아파트 공화국입니다.

조금 과장하면 대한민국에서 아파트 투자를 안 하면

부자가 되기 힘듭니다.

그만큼 아파트는 안전하고 확실한 투자상품으로 인식합니다.

가끔 하우스 푸어로 고생을 한 사람들도 많이 있지만,

아파트 투자로 인한 수익이 크기 때문에

예전에 고생한 것은 금방 잊어버립니다.

그만큼 아파트 투자는 매력적인 상품으로 인식되어왔습니다.

누구나 아파트 투자에 관해선 거의 전문가입니다.

어떤 아파트가 오르는 아파트인지 보는 눈은

특히 살림하는 주부들이 전문가보다 더 전문가입니다.

본인이 직접 경험하고, 느끼고, 판단하기 때문입니다.

아파트는 지하철 발표부터 개통까지 가격은 꾸준히 오릅니다.

지하철보다 더 큰 호재는 없을 정도로 큰 호재입니다.

대형병원이나 학교가 부근에 생겨도 가격은 오릅니다.

특히 초등학교가 생긴다면 가격은 더 많이 오릅니다(일명 초품아).

백화점이나 쇼핑몰이 생기거나, 도로가 새로 나거나,

관공서가 들어오면 가격이 오릅니다.

하다못해 스타벅스 커피숍이 생기면 가격은 오릅니다(일명 스세권).

기타 수많은 이유에서 아파트 가격은 오릅니다.

아파트 가격이 오르는 여러 가지 이유가

곧 땅 가격이 오르는 이유와 같습니다.

사실은 아파트는 아파트라는 건축물의 가격은 오르지 않고,

땅 가격만 오른다는 것이 정확한 표현입니다.

아파트는 시간이 흐르면 노후화되고 감가상각이 발생합니다.

그렇지만 아파트 가격이 오르는 것은

사실 땅 가격이 오르기 때문입니다.

우리는 아파트 투자를 하지만, 사실은 땅 투자를 하는 것입니다.

강남에 있는 아파트와 지방에 있는 아파트의 표준 건축비는

차이가 별로 없습니다.

그렇지만 아파트 가격이 큰 차이가 발생하는 것은

땅 가격의 차이 때문입니다.

강남아파트에 투자하는 것은 아파트에 투자하는 것이 아니라

아파트가 있는 강남이라는 땅에 투자하는 것입니다.

땅 투자가 아파트 투자의 본질임을 아는 사람들은

오래전부터 아파트의 땅 지분, 빌라의 땅 지분을

염두에 두고 투자를 해왔습니다.

나 홀로 아파트가 인기가 없듯이 땅도 단일 호재에 투자하면

환금성의 문제로 곤란한 상황에 빠질 수가 있습니다.

아파트 주위에 학교, 병원, 학원, 하다못해 스타벅스 커피숍이

없다면 인기가 없듯이 땅도 마찬가지입니다.

사람들이 선호하는 아파트가 인기가 있는 것처럼

땅도 사람들이 선호하는 호재가 여러 가지가 있어야

인기가 있고, 땅 가격이 꾸준히 오르는 것입니다.

이렇게 생각하면 땅 투자는

절대 어렵지 않고 정말 쉬운 투자입니다.

왜냐하면, 땅 투자는 수익을 내는 모델인

땅 투자의 교과서가 있기 때문입니다.

아파트 투자처럼 생각한다면 땅 투자는 어렵고,

두려운 것이 아니라 땅 짚고 헤엄치기처럼 쉽습니다.

그만큼 쉽고 확실하고 안전한 투자처라는 이야기입니다.

주식투자는 땅 투자와 비교하면

어렵고 스트레스 받고

불안한 상품인 이유가

땅 투자처럼 투자의 교과서를 발견하기가 쉽지 않기 때문입니다.

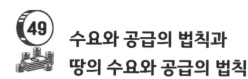

49 수요와 공급의 법칙과
땅의 수요와 공급의 법칙

아담 스미스의 '보이지 않는 손'이

바로 수요와 공급의 곡선입니다.

수요자가 가격이 비싸다고 느끼면 수요는 줄어들고,

가격이 저렴하다고 느끼면 수요가 늘어나는 것입니다.

그 심리 때문에 정상가격보다 저렴한 할인행사 기간을 통해

사람들은 구매를 많이 합니다.

요즘처럼 불경기에는 정상가격에 물건을 사면

손해 보는 느낌이 들 정도로 할인행사를 많이 하는 바람에

상시 할인행사가 되어 버렸습니다.

공급자는 가격이 너무 낮으면 재화와 용역을 공급하지 못합니다.

대신 수요자의 수요는 엄청나지만,

대다수 수요자는 구매하지 못합니다.

공급량이 부족하기 때문입니다.

그래서 재화와 용역의 가격은 꾸준히 올라

수요자와 균형점에서 만납니다.

그 균형점에서 재화와 용역의 거래가 이루어진다는 것이

핵심입니다.

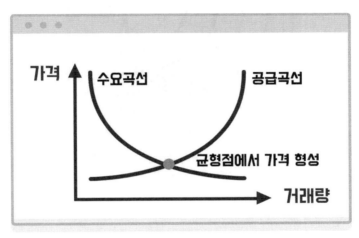

수요와 공급의 곡선

그런데 말입니다.

땅의 수요와 공급은 어떻게 될까요?

땅은 생산할 수 없는 부증성을 가지고 있습니다.

그래서 갑자기 땅에 호재가 발생하면 수요는 늘어나지만,

공급이 늘어나지 않아 가격이 폭등하는 현상이 나타나는 것입니다.

보통은 부동산은 수요가 늘어날 때

매물회수로 공급은 축소됩니다.

땅의 부증성 성질이, 현실에서는 고갈성 또는 가격 폭등으로 나타나는 것입니다.

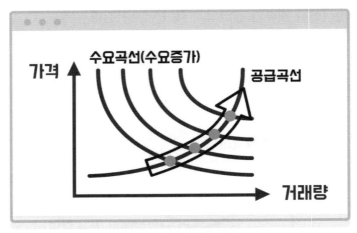

토지의 수요와 공급 곡선 1
(호재 발생, 수요 폭등, 공급 불변, 부증성) **가격 상승 곡선**

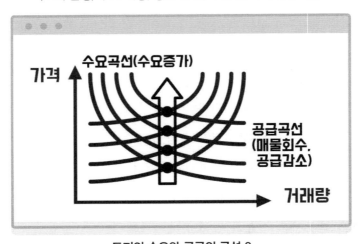

토지의 수요와 공급의 곡선 2
(호재 발생, 수요 폭등, 매물회수로 공급 축소, 고갈성) **가격 폭등 곡선**

50 오감으로 발굴하는 투자 요령

알면 돈이 보이고, 모르면 불만과 불평이 생깁니다.

여러분이 차를 타고 지나가는데 타워크레인 수십 대가

움직인다면 그 땅에 관심을 두기 바랍니다.

타워크레인 수십 대가 움직인다면

거기에는 이유가 있을 것입니다.

물론 많이 올랐겠지만, 앞으로 더 오를 확률이 높습니다.

특히 학교를 많이 짓는 곳은 유심히 살펴보기 바랍니다.

인구가 감소하는 대한민국에서

학교가 생긴다는 것은 큰 호재입니다.

눈으로 찾는 투자 대상이 될 수 있습니다.

걸어가거나 자전거를 타고 지나갈 때 건설현장에서

시끄러운 소리가 나거든 귀만 막지 말고

왜 이리 공사를 많이 하는지 살펴보길 바랍니다.

귀로 찾는 투자 대상이 될 수 있습니다.

차를 타고 가는데, 상습적으로 막히는 병목구간이 있다면

왜 이리 막히는지 불평하기보다는

언젠가 이 도로가 확장된다면 어디가 수혜를 볼 것인지를

예측해보는 것도 좋은 투자 감각입니다.

온몸으로 찾는 투자 대상이 될 수 있습니다.

문제 있는 곳에 답이 있듯이 땅도 마찬가지입니다.

물론 이 경우에는 시간이 걸립니다.

이런 경우에는 여유 자금으로 투자 가능합니다.

이런 것은 우리가 살다 보니 경험으로 얻은 지혜입니다.

이런 지혜는 정말 소중한 자원입니다.

잘 활용해야 돈이 될 수가 있습니다.

이 모든 것을 경험을 통해 얻는다면

현대 문명은 이렇게 빨리 이루어지지 못했습니다.

우리는 과거 조상의 지혜를 책으로 얻고

선배들과 다른 사람들의 지혜 역시 책이나 경험을 통해 얻습니다.

필자는 눈이 열린 사람은 투자자,

아직 눈이 열리지 않은 사람은 소비자라고 부르고 싶습니다.

투자자는 지하철을 머니 트레인 혹은 골드 트레인으로 보지만,

소비자에게 지하철은 단지 대중교통수단일 뿐입니다.

신도시를 보는 시각도 투자자는 기회의 땅이지만,

소비자는 단순 베드타운일 뿐입니다.

문제는 사람들이 관심을 두고 있느냐에 달려 있습니다.

관심은 돈을 버는 시작일 뿐이고

거기에 노력과 시간을 투자해야 눈이 열립니다.

눈이 열려야 비로소 돈이 보이기 시작합니다.

돈이 보이기 시작한다면

돈을 안전하고, 확실하게 버는 것이 가능합니다.

그러면 시간이 우리를 부자의 길로 안내할 것입니다.

51 어르신들은 살아있는 삶과 투자의 교과서이다

젊은 사람들은 어르신들을 '꼰대'라고 비하하기도 하지만,

선배님과 어르신들은(이하 '어르신'으로 표현) 우리 삶의 교과서입니다.

삶에는 많은 희로애락이 있지만,

최대한 단순히 표현하면 태어남에서 시작하여

나이 들어가고, 죽음으로 가는 일직선입니다.

어르신들은 내가 걸어갈 길을 이미 다 걸어갔습니다.

어르신들이 주는 교훈은 많이 있지만,

어르신의 경제적인 노후기준으로

투자의 성공교훈을 살펴보고자 합니다.

노후의 삶을 편안하게 즐기시는 분,

조금 부족하지만 그래도 순탄하신 분,

정부의 도움을 받거나, 파지를 주우면서 힘들게 노년의 삶을

살아가는 분들도 있습니다.

편안한 노후와 힘든 노년을 결정짓는 요소가 무엇이 있을까요?
노후가 편하신 어르신들은 처음부터 준비되었을까요?
저축만 하여서 노후가 편하였을까요?
노년이 힘든 분들은 처음부터 노후까지 계속 가난하였을까요?
그분들도 언젠가는 분명 잘나갈 때가 있었겠지요?
그럼에도 불구하고 노년이 힘든 이유는 무엇일까요?

많은 어르신의 노후에서 노후의 삶을 구별 짓게 한
결정적 차이를 발견할 수만 있다면
우리의 노후는 비교적 쉽게 준비할 수가 있을 것입니다.
어르신들이 경제활동을 하실 때는 고도성장 시기였습니다.
부동산 가격은 날마다 오를 정도로 가파르게 올랐습니다.
필자는 노후의 삶을 결정짓는 가장 큰 요소를 뽑는다면
부동산 투자의 성공 여부라고 조심스럽게 이야기합니다.
만일 편안한 노후를 꿈꾸고 있다면
한 살이라도 젊을 때 부동산에 관심을 가져야 하고,
성공적인 투자를 하여야 한다는 것입니다.

52 수요와 공급의 법칙을 통한 투자상품 발굴하기

유가는 우리나라 경제의 뇌관 역할을 종종 하였습니다.

1973년과 1978년 오일쇼크는 대한민국뿐만 아니라

세계 경제에도 악영향을 끼쳤습니다.

석유수출국기구(OPEC)가 생산량을 줄이고

가격을 대폭 인상하였기 때문입니다.

그렇게 세계 경제를 좌지우지하던 고고한 원유도

소비가 줄어들자 유가는 더 빠르게 급락하여

저유가 상태를 유지하고 있습니다.

코로나 19로 인한 원유 수요의 부족은

당분간 원유가격 하락 또는 안정세를 보일 전망입니다.

투자에서 수요와 공급의 법칙이 매우 중요합니다.

세계 각국은 경기부양을 위해

국민에게 돈을 나누어 주고 있습니다.

많이 발행된 돈은 분명 소비자금이 되기도 하고

또 투자자금이 될 것입니다.

많이 풀린 돈은 살아남는 사람들에게

분명 많은 투자 기회를 줄 것입니다.

시중 자금의 풍부한 유동성은

아파트 수요가 아파트 공급보다 힘이 세기 때문에

아파트 가격의 폭등으로 이어지고 있습니다.

상가는 자영업의 위축으로 예전보다

더 불안한 상품이 되고 있습니다.

상가 임대료가 예전보다 많이 부담스럽기 때문에

임대료를 내지 못하는 자영업자가 많이 발생하고 있습니다.

그중 많은 상가는 결국 폐업으로 이어질 것입니다.

폐업은 신규 수요가 없는 상태에서

새로운 공급이 발생하는 셈입니다.

코로나 19가 준 교훈 중 하나가 상가 임대료는

안정적 연금소득이 되지 못한다는 사실입니다.

땅은 공급이 전혀 안 되는 상품입니다.

수요만 있다면 땅은 정말 좋은 투자상품입니다.

그렇기에 수요가 있는 땅을 발굴해야 합니다.

대표적인 곳이 향후 역세권이 되는 땅, 도시가 확대되는 곳,

기업이 오는 땅, 대단위 아파트를 짓는 땅의 부근입니다.

그런 땅은 사람을 몰고 오는 땅입니다.

수요는 없고, 공급만 있는 땅도 있습니다.

대표적인 땅이 산(임야)입니다.

그런 땅은 팔려고 하는 사람만 있고 사는 사람은 거의 없습니다.

이런 곳에 투자하는 것은

돈을 벌 기회를 잃어버리는 것뿐만 아니라,

돈이 묶인다는 트라우마 때문에

스스로 돈을 벌 기회를 박탈합니다.

달러는 세계인이 선호하는 기축통화이지만,

미국의 무제한에 가까운 달러 발행은

인플레이션을 발생시키는 요인으로

달러 역시 안전한 투자처가 되지 못하게 합니다.

달러의 공급확대는 금값의 상승으로 이어지고 있습니다.

무한정 발행 가능한 달러보다

생산량의 제한이 따르는 금이 훨씬 안전하기 때문입니다.

많은 사람이 선호하는 금 투자로 인하여

금값의 고공행진은 당분간 이어질 전망입니다.

투자는 결국 수요와 공급 어느 쪽이 힘이 센지를 파악하면

그렇게 어려운 것도, 두려운 것도 아닙니다.

53 땅 투자는 땅 짚고 헤엄치기 3.
힘이 약한 땅 투자는 피하는 것이 상책

대한민국에서 가장 힘이 센 땅은 서울입니다.

그다음 힘이 센 곳은 경기도입니다.

경기도가 이렇게 발전한 것은

힘센 놈인 서울과 붙어 있고, 같이 가기 때문입니다.

힘센 놈인 서울과 경기도의 모든 땅이 힘센 땅인 것은 아니지만,

아래를 조심해서 투자하면 성공투자에 도움이 됩니다.

투자를 피해야 할 힘이 약한 땅

그린벨트

그린벨트 해제는 땅의 입장에서는 엄청나게 큰 호재입니다.

땅의 힘이 세지기 때문입니다.

그린벨트는 힘이 센 놈인 국가가 묶어 놓은 땅입니다.

힘이 센 놈이 묶은 땅은 힘이 센 놈만 풀 수 있습니다.

그래서 우리는 서울에서도 산기슭에 도저히 건축허가를 받기

힘든 곳에 지방자치단체의 박물관이나 공공 체육시설 등이

건축되고, 완공되는 모습을 종종 볼 수 있습니다.

또 그린벨트는 언제 풀릴지

서민들은 알기가 좀처럼 어렵습니다.

원래 땅 투자는 매매가 잘 안 되는 환금성의 문제가 있습니다.

그린벨트 해제는 더욱 예측하기가 힘든 만큼

땅 매매에 제한이 따릅니다.

만일 그린벨트 땅을 국가나 지방자치단체가 개발을 원한다면

먼저 그린벨트 땅을 수용합니다.

왜냐하면, 먼저 그린벨트를 해제하고 나중에 개발한다면

국가나 지방자치단체의 예산이 엄청 낭비되기 때문입니다.

그런 공무원은 징계를 피할 수가 없습니다.

그린벨트 땅은 국가나 지방자치단체가 수용을

먼저 할 경우가 많아서 원주민을 제외하고는

투자가치가 없을 뿐만 아니라,

늦게 투자하면 오히려 손해를 볼 수도 있습니다.

지금도 그린벨트 해제를 이유로

땅 투자를 권유하는 사람들이 많습니다.

그런 호재는 신중하게 접근하면 좋습니다.

조심해서 나쁠 것이 없습니다.

임야(산)

임야투자는 일반 투자자의 영역이 아니고

전문 투자자의 영역입니다.

본인이 전문 투자자가 아니라면

임야(산)투자는 관심을 두지 말아야 합니다.

대한민국에서 가장 비싼 산이 남산입니다.

남산에 일반인이 쉽게 건물을 올릴 수는 없습니다.

국가나 지방자치단체가 공익을 염두에 두고

허가를 결정하기 때문입니다.

지금은 오히려 남산 조망권을 방해하는

오랜 건축물을 보상하면서 철거하는 상황입니다.

필자가 아는 분은 여주에 있는 산을

2008년경에 평당 90만 원에 사신 분도 있습니다.

지금 시세보다도 엄청 비싼 가격일 뿐만 아니라,

매매도 안 되고 있습니다.

지금도 기획부동산에 의해 청계산, 도봉산

무수히 많은 산이 거론되고 있습니다.

산(임야)은 특별한 경우가 아니면 개발되지 않습니다.

오히려 보호대상입니다.

조심 또 조심이 상책입니다.

단일 호재의 땅

남북관계가 호전되면 민통선 땅 가격이 반짝 오릅니다.

평창 동계올림픽 때문에 평창 땅 가격이 많이 올랐습니다.

무주 동계유니버시아드 때에도 무주 땅 가격이 많이 올랐습니다.

단일 호재로 오른 땅 가격은 단일 호재가 소멸하면

땅 가격은 내리기 마련입니다.

튼튼한 쌍방울 그룹도

무주 동계유니버시아드 대회로 인해 큰 피해를 보았습니다.

단일 호재로 인해 땅 가격이 오를 때 팔고

나오는 사람이 승자이고,

돈을 벌 욕심으로 신규 투자하는 사람은

투자의 패자가 될 확률이 높습니다.

땅 투자를 검토한다면

개발 호재가 적어도 3가지 이상이어야

투자하기에 안전한 땅일 가능성이 큽니다.

개발 호재가 많으면 많을수록 안전한 땅이고,

수익을 많이 주는 땅입니다.

그렇지 않은 단일 호재는 돈이 묶일 가능성이 큽니다.

서울에서 멀수록 조심해야 합니다.

서울과 경기도와 인천광역시를 합하여

우리는 수도권이라고 부릅니다.

대한민국 인구의 50% 이상,

경제의 약 80%를 차지하는 곳입니다.

여기에 투자하면 성공할 확률이 높고, 실패할 확률은 낮습니다.

우리가 눈과 귀로 확인된 사실입니다.

만일 인구와 경제가 집중된 수도권을 피하고

다른 곳을 투자한다면 성공 확률이 급격히 낮아지기 때문에 땅

투자자에게 더 많은 노력이 필요합니다.

기획부동산을 조심하자

서울에서 멀수록 조심해야 합니다를 제외하고는

악질 기획부동산에서 많이 판매하는 땅입니다.

지금은 경매회사란 이름으로 포장하기도 합니다.

그린벨트와 임야(산) 등 2~3가지 악재가 동시에 있는 땅을

개발 호재가 있다는 이유로

투자를 권유받는다면 특히 조심해야 합니다.

현장방문과 서류 등을 꼼꼼히 살펴보아야 합니다.

땅으로 성공투자를 하는 것도 좋지만,

내 재산을 지키는 것은 무엇보다도 중요하기 때문입니다.

서울에서 먼 지방의 경우에는

인구는 줄고 발전 가능성이 수도권보다 낮아서

더 많은 노력을 해야 한다는 이야기입니다.

무조건 투자를 하면 안 된다는 이야기는 아닙니다.

54 땅 투자는 현장 확인, 서류 확인, 환금성 확인

우리는 땅은 돈이 된다고 알고 있습니다.

누누이 이야기하지만, 그것은 반만 맞습니다.

정확히 말하면 땅이 돈이 되는 것이 아니라

좋은 땅이 돈이 되는 것입니다.

좋은 땅은 어떤 땅일까요?

그것은 환금성이 보장되는 땅입니다.

그러면 어떤 땅이 환금성이 보장될까요?

환금성이 보장되는 땅은 꾸준히 오르는 땅입니다.

직접 방문하여 투자를 검토하는 땅 주변을 살펴보면

개발 가능성을 눈으로 확인할 수 있습니다.

개발 가능성을 확인하면

환금성의 문제에서는 벗어날 수가 있습니다.

마지막으로 땅의 서류를 확인하여 이상 여부를 확인한 연후에 투자하면 땅 투자는 그렇게 어려운 일이 아닙니다.

땅 투자에서 환금성을 반드시 확인하는 이유는

땅은 다른 상품보다 환금성이 부족하기 때문입니다.

환금성에 문제가 없는 땅은

반드시 큰 수익을 주는 땅이라는 것입니다.

그 원리는 아파트 가격이 오를 때

거래가 활발히 잘되는 것과 같은 이치입니다.

가격이 꾸준히 오른다는 것은

매수하기 위하여 기다리는 대기 수요가 많은 땅입니다.

좋은 땅 때문에 땅이 돈이 된다고

우리는 알고 있고, 또 믿고 있습니다.

좋은 땅이 돈이 되는 것을 우리가 알고 있으므로

기획부동산은 땅은 돈이 된다고 이야기하고

또 투자자에게 믿게 하는 것입니다.

이 원리는 비트코인이 성공하여 큰 부자를 만들었듯이

기타 코인, 불량 코인으로도 부자를 만들 수 있다고

사기 치는 것과 같습니다.

땅은 매매가 잘되는 좋은 땅도 있고

매매가 안 되는 나쁜 땅도 있습니다.

투자자에게 돈을 벌어준 비트코인이 있고,

돈을 날린 기타 코인이 있는 것과 같은 이치입니다.

그래도 땅 투자를 판단하실 때 잘 모르겠다는 의문이 남는다면

은행 대출이 어느 정도 되는지를 가지고 검증하시면 됩니다.

은행이 하는 일은 대출입니다.

다른 말로 표현하면 대출 회수입니다.

그만큼 담보물을 평가하는데 보수적이고 정확하다는 것입니다.

공시지가 대비 대출이 전혀 안 된다면 쳐다보지도 맙시다.

농지는 통상 공시지가 대비 50% 이하 대출되는 땅들이 많습니다.

투자하는 데 주의가 필요합니다.

돈이 묶일 가능성이 큽니다.

성장의 한계 때문에 은행에서 그렇게 판단했을 가능성이 큽니다.

만일 농지가 공시지가 대비 적어도 80% 이상 대출이 된다면

그 땅은 좋은 땅일 가능성이 큽니다.

때에 따라 공시지가 대비 100% 이상 되는 땅도 있습니다.

보수적인 은행이 그런 평가를 하였다면

거기에는 합당한 이유가 있을 것입니다.

55 피해사례를 통한 기획부동산 예방법

기획부동산의 그린벨트와 임야(산) 판매사례

부동산 특히 땅을 업으로 하는 사람들은 원죄가 있습니다.

땅 분양을 하는 많은 기획부동산의 피해 때문에 사람들은

땅 분양하는 사람을 사기꾼일지도 모른다는 색안경을 끼고 봅니다.

그래서 필자의 졸저『땅 투자 땅 짚고 헤엄치기』와

SKY 데일리 칼럼을 통해

기획부동산의 피해를 예방하고자 많은 노력을 했습니다.

사기꾼들은 서민들의 환상을 노리고

땅은 돈이 된다는 고정관념을 활용하여

임야(산)를 개발 호재가 있는 것처럼 포장하여

서민들의 등골을 빼먹곤 합니다.

특히 지금은 경매회사란 이름으로 임야(산)를 판매하는

악질 기획부동산이 많습니다.

또 '힘이 약한 땅 투자는 피하는 것이 상책'이며,

대표적으로 힘이 약한 땅인

그린벨트와 임야(산) 투자는 조심해야 합니다.

이것만 조심하여도 기획부동산의 피해로부터 90%는 예방됩니다.

그런데도 아직도 많은 서민은

기획부동산에 사기당하고 땅을 삽니다.

그래서 필자는 작심하고 기획부동산의 피해로부터 예방하고자

서울에서 판매된 실제 사례를 가지고 이야기하고자 합니다.

땅을 사고자 하면 실제로 눈으로 땅을 보고,

두 발로 밟아 보고 사야 합니다.

그다음은 LURIS 토지이용규제정보서비스를 활용합니다.

특히 '다른 법령 등에 따른 지역. 지구 등'을

자세히 살펴보아야 합니다.

가축사육제한구역〈가축분뇨의 관리 및 이용에 관한 법률〉,

이 조항은 땅 투자하는 데 방해가 되는 요소는 아닙니다.

오히려 유리하게 작용할 경우가 더 많습니다.

개발제한구역〈개발제한구역의 지정 및 관리에 대한 특별조치법〉,

이 항목은 땅의 힘을 빼앗는 악재입니다.

매우 조심해서 투자해야 하는 항목으로

모르면 그냥 투자하면 안 됩니다.

교육환경보호구역〈교육환경 보호에 관한 법률〉,

이 항목도 악재에 속합니다.

유흥업소가 들어 올 수가 없습니다.

유흥업소는 주로 상업지에 들어갈 수 있습니다.

그래서 상업지가 돈이 되는 것입니다.

대공방어협조구역(위탁고도: 해발163m(지반+건축+옥탑))

〈군사기지 및 군사시설 보호법〉,

이 항목은 절대 투자해서는 안 되는 땅입니다.

군사시설은 국가안보와 직결되기 때문에 쉽게 풀리지 않습니다.

공익용산지〈산지관리법〉,

이 항목은 천우신조를 만나 그린벨트가 해제되고,

군사기지가 풀리는 한이 있더라도 투자해서는 절대 안 됩니다.

왜냐하면, 그린벨트와 군사기지는 그냥 해제가 안 됩니다.

만일 해제가 된다면 힘센 놈인 국가와 지방자치단체가

필요에 의해 국토교통부 및 국방부와 협의 후 해제합니다.

그 이유는 묶인 땅을 수용하여

공익용으로 활용하기 위해서입니다.

이때에도 먼저 수용하고 해제합니다.

먼저 해제하고 수용하는 일은 절대 없습니다.

그 이유는 먼저 규제를 해제하고 국가나 지방자치단체가 나중에

수용하면 예산이 몇 배 늘어나기 때문입니다.

보전산지〈산지관리법〉,

이 항목은 산은 개발대상이 아니라 보호대상이기 때문입니다.

대한민국에서 가장 비싼 남산도 개발이 안 됩니다.

그래서 악재입니다.

과밀억제권역〈수도권정비계획법〉,

이 항목 자체로는 악재보다는 호재에 가깝습니다.

일단 수도권이니까요?

공장설립승인지역(2016-11-28)(2호)**〈수도법〉,**

이 항목은 승인을 받아야 하는 사항으로

승인을 받아야 하는 불편함이 따르지만,

승인만 받으면 호재에 가깝습니다.

㎡당 공시가격이 225,200원(2019/01)은

평당 가격은 약 75만 원입니다.

서울에 있는 산이기 때문에 공시지가는 높습니다.

이 땅을 기획부동산에서는 상업지가 될 예정이라고

평당 4,100,000원에 판매하였습니다.

어느 세월에 본전이 되겠습니까?

땅으로 돈을 벌고 싶은 욕심에 투자하는 순간 손해입니다.

가장 돈을 빨리 회수하는 것이 공익용 수용입니다.

만일 수용이 된다 해도 수용가격은 150만 원 내외로 추정합니다.

따라서 임야(산)는 투자용 상품으로 쳐다보지를 말아야 합니다.

그래야 피 같은 재산을 지킬 수 있습니다.

(56) 공명지조

불교의 아미타경, 잡보장경 등 불교 경전에 등장하는

머리가 둘인 상상 속의 새입니다.

한쪽 머리의 새가 다른 쪽 머리의 새를 시기하고 질투하여

한쪽 머리의 새가 독이 든 과일을 먹었다가

둘 다 죽고 만다는 이야기입니다.

2019년 교수신문에 올해의 사자성어로 선정되기도 하였습니다.

2019년 교수들은 왜 공명지조를

올해의 사자성어로 선정하였을까요?

필자는 이런 생각을 해 봅니다.

부자와 가난한 사람들은 공명지조이다.

가난한 사람들을 위한 정책은 좋으나,

부자들을 핍박하거나 도둑놈처럼 느끼게 하는 정책들은

결코 가난한 서민들에게 도움이 되지 못한다는 사실을 말입니다.

또 다른 한편으로는 치솟는 강남아파트 가격을 때려잡는다고

온갖 부동산 규제정책을 연일 발표하고 있습니다.

그러나 공급 없는 규제는 오히려 강남아파트 가격의 폭등을

불러오는 실패한 정책임을 이미 검증하였는데

똑같이 따라 하는 것을 보면서

과연 이 사람들은 머리가 있는 사람인가 하는 의심이 듭니다.

아니면 다른 불순한 생각을 하는 것이 아닌지 말입니다.

그러나 아파트 공급 없는 규제정책으로 인한 아파트 가격 폭등은

서민들에게 이러다가 아파트를 영영 못 사는 것이 아닌가 하는

공포심을 불러일으키고,

그 공포심은 아파트 가격이 가장 비쌀 때 서민들이

아파트를 상투 가격에 사는 것이 아닌지 심히 걱정됩니다.

강남아파트 가격의 하락은

서민들이 죽는 하우스 푸어의 시작점이 되겠지요?

부자와 서민, 강남아파트와 강북아파트,

서울과 경기도, 수도권과 지방은 공명지조가 아닐런지요?

57 풍선효과의 끝은 어디일까요?

정부는 아파트 가격의 폭등 때문에

국민과 전쟁을 벌이고 있습니다.

전쟁은 적군에게 하는 것인데

아파트 가격 폭등을 이유로 보유세, 양도세 강화 등 세금과

대출규제로 국민과 전쟁을 벌이는 한심한 짓을 하고 있습니다.

지금 상황은 나쁜 놈이

산에 고의로 불을 지르는 것에 비유할 수 있습니다.

그 불이 큰 산불이 되어 온 산을 태우는 중입니다.

그리고 건조한 날씨와 바람 때문이라고 핑계를 댑니다.

그리고 더 많은 소방인력과 소방헬기를 투입하여 산불과의 전쟁

에서 반드시 이기겠다고 공언하는 코미디를 하고 있습니다.

산불과의 전쟁을 지금도 계속하고 있습니다.

그러는 사이에 서민들과 젊은이의 가슴이

먼저 타들어 가는 중입니다.

정부는 아파트 가격의 폭등원인이

투기세력 때문이라고 진단했습니다.

정말 한심한 진단입니다.

잘못된 진단 때문에 정부의 24번째 부동산대책으로도

아파트 가격의 안정화 대책은 실패하였습니다.

필자가 생각하는 아파트 폭등원인은 다음과 같습니다.

재건축과 재개발 요건의 강화로 인한 신규공급의 부족

양도세 강화에 따른 유통공급의 부족

풍부한 유동자금

사상 최저의 저금리

계속된 부동산 정책의 실패로 인한 부동산 폭등

정부의 임대차 대책의 실패로 인한 전세 매물 감소와

전세 가격 폭등

잘못된 정부대책이 발표될 때마다

부동산 폭등으로 인한 가수요 등

이제 정부대책은 백약이 무효한 실정입니다.

콩으로 메주를 쑨다해도 국민은 믿지 않습니다.

그래서 산불은 거의 온 산을 다 태우고 꺼질 전망이라는 것이 필자의 생각입니다.

이유는 풍선효과로 풍선은 한곳을 누르면 다른 곳으로

계속 바람이 이동하면서 부풀어 오르기 때문입니다.

강남 3구에서 시작하여 마·용·성, 노·도·강, 수·용·성,

오·동·평 등 새로운 풍선을 전국적으로 계속 만들어내고 있습니다.

풍선 안에 있는 공기는 유동자금을 말합니다.

풍선 안에 있는 공기는 저절로 빠져나가질 않습니다.

정부는 풍선을 쥐어짜면

풍선 안에 있는 공기가 빠져나가는 줄 착각을 합니다.

그리고 풍선 안에 있는 공기가

금융시장 특히 주식시장으로 옮겨 가기를 바라지만,

똑똑한 국민은 그럴수록 오히려 주식시장에 있는 돈을

인출해서 부동산시장으로 옮겨 갑니다.

돈은 수익을 쫓는 생물이기 때문입니다.

폭등하는 풍선은 언젠가는 터지겠지요?

58 하우스 푸어에 대비하자

끝없이 폭등하는 풍선효과의 끝은 과연 무엇일까요?

필자는 시간의 문제가 있지만 하우스 푸어로 갈 것이라고 봅니다.

그 이유는 노무현 대통령 때 공급 없는 규제정책의 결말을

우리는 이미 알고 있기 때문입니다.

아파트 공급 없는 규제정책은 아파트 가격을 폭등시켰고,

아파트 가격 폭등은

서민들에게 이러다가 평생 집을 못 살 것 같은 공포감을 불러와,

서민들에게 상투를 잡는 하우스 푸어를 만들었습니다.

노무현 대통령 때의 상황이 경기는 좋지 않은데

아파트 가격은 폭등시켰습니다.

끝없이 오를 것만 같았던 아파트 가격은

어느 순간 아파트 매매가 잘 안 되는 순간이 옵니다.

아파트 매매가 안 되는 순간부터 아파트 가격은 점점 하락하고,

아파트 가격의 하락은 경쟁적으로 아파트 매물을 쌓이게 만들어

하우스 푸어의 시작이 되었습니다.

2008년 미국에서 시작된 금융위기가

하우스 푸어의 기폭제였습니다.

그렇게 시작된 하우스 푸어의 고통은

이명박 정부가 끝날 때까지도 해결되지 않았습니다.

박근혜 정부 때 하우스 푸어의 고통은 해결되었지만,

많은 중산층이 하층민으로 전락한 다음에 해결될 정도로

오랜 시간이 걸렸습니다.

"산이 높으면 골은 깊다."라는 주식시장의 격언이

아파트에도 그대로 적용되었습니다.

현재 문재인 대통령의 상황이

경기는 안 좋은데, 아파트 가격을 폭등시킨 점이

노무현 대통령 때와 매우 유사합니다.

또 2019년 중국에서 시작된 코로나바이러스의 위기가

2008년 미국에서 시작된 금융위기와 유사하다는

생각을 지울 수가 없습니다.

노무현 대통령 때 아파트 가격을 폭등시켜

2기 신도시를 발표한 것과 문재인 대통령 때 아파트 가격을 폭등시켜

3기 신도시 발표한 것까지 같습니다.

그래서 필자는 아파트 가격 폭등 뒤에 따라 오는

하우스 푸어에 대비하자는 것입니다.

노무현 대통령 때 하우스 푸어가 시작되었습니다.

현재 문재인 정부의 모든 부동산대책은

노무현 정부 때와 그대로 일치합니다.

일치하지 않는 것은 하우스 푸어 밖에 없습니다.

우리는 아파트 가격에 거품이 끼어있다고 말합니다.

언제 하우스 푸어가 시작되어도

이상할 것이 하나도 없는 상황입니다.

만일 이번에 하우스 푸어가 온다면

그 파장은 엄청 크고, 오래갈 전망입니다.

전국적으로 광범위하게 아파트 가격이 많이 폭등하였기 때문입니다.

필자의 희망 사항은 그저 아파트 가격의 연착륙만 바랄 뿐입니다.

코로나 19의 여파로 취약한 자영업부터 무너지고 있습니다.

자영업 하는 분들의 재무상태가 특히 취약합니다.

버틸 힘이 없어 급매물이 나올 가능성이 큽니다.

그리고 많은 중소기업 역시 이미 곤란한 상황에 빠지고 있습니다.

우리에게는 일본이라는 부동산 교과서가 있습니다.

일본도 끝없이 폭등한 아파트 가격이

어느 순간부터 거래는 안 되고, 거품이 빠지는 과정을 겪었습니다.

우리가 알고 있는 잃어버린 20~30년의 일본 모습입니다.

새로운 상황이 오기 전에 촉각을 세워

능동적으로 대처해야 합니다.

59 '나'는 누구일까요?

나는 모든 부의 기초이며,

지혜와 근검과 절약의 유산이다.

나는 가난한 자들의 기쁨이요 안락이며

부자들에게는 자랑이다.

또 자본의 심복이고

수많은 성공한 자들의 말 없는 내조자이다.

나는 홀아비와 과부의 위안이며

노년의 안락이요

불행과 곤궁에 대한 안전판이다.

나는 수고의 최상의 열매이다.

신용은 나를 존경한다.

그럼에도 나는 겸손하다.

나는 누구나가 나의 존재를 알고

소유하기를 바라면서 만인 앞에 섰다.

나는 수많은 날을 통해

가치가 성장하고 증가한다.

나는 잠든 것처럼 보일지라도

나의 가치는 증가하며

결코, 실패하는 법이 없고

없어지지도 않는다.

시간은 나의 조수이고

인구 증가는 나의 수익을 늘려준다.

화재와 악천후에도

나를 파괴할 수 없으므로

나는 그들을 무시한다.

나를 소유한 자는 나를 믿게 된다.

십중팔구 선망하게 된다.

모든 사물이 시들고 추락해도

나는 살아남는다.

수세기가 흘러도 나의 힘은 증가하여

오히려 젊어진다.

검약하지 않는 자들은 나를 욕한다.

나의 존재 가치를 모르는 자들은

나를 믿지 못한다.

사기꾼들은 나를 공격한다.
나는 신용이 있다.
나는 건전하다.
나는 틀림없이 승리하며
손상된 것은 회복된다.

수많은 광물과 석유가 나에게서 나온다.
나는 식량의 생산자이며
배와 공장의 기초이고 은행의 토대이다.
그럼에도 불구하고
나는 너무 흔하여
많은 사람이
나를 알아채지 못하고
생각 없이 그냥 지나쳐 간다.

나는 토지이다…!

작자 미상

토지의 본질을 가장 잘 아는 나라가 바로

땅의 국가 소유를 실천하는 공산주의 국가입니다.

이것은 우리에게 큰 가르침을 줍니다.

땅은 반드시 가져야 하는 투자상품이다.

땅을 소유하지 못한다면

부자 되기가 힘들다는 것이

모든 땅을 국가 소유를 실천하는 공산국가가

자본주의 속에 살고 있는 우리에게 주는 교훈입니다.

투자 바이블

펴 낸 날 2021년 2월 20일

지 은 이 이제성
펴 낸 이 이기성
편집팀장 이윤숙
기획편집 윤가영, 이지희, 서해주
표지디자인 윤가영
책임마케팅 강보현, 김성욱
펴 낸 곳 도서출판 생각나눔
출판등록 제 2018-000288호
주   소 서울 잔다리로7안길 22, 태성빌딩 3층
전   화 02-325-5100
팩   스 02-325-5101
홈페이지 www.생각나눔.kr
이 메 일 bookmain@think-book.com

• 책값은 표지 뒷면에 표기되어 있습니다.
  ISBN   979-11-7048-200-0(03320)

• 이 도서의 국립중앙도서관 출판 시 도서목록(CIP)은 서지정보유통지원시스템 홈페이지(http://seoji.
  nl.go.kr)와 국가자료공동목록시스템(http://www.nl.go.kr/kolisnet)에서 이용하실 수 있습니다